10倍筆記力

分心時代，
用「3步驟」快速抓住注意力、
化創意為1000%業績達成率

前言

大家午安，我是**佐藤ねじ（Sato Neji）**。

我從事的工作為製作網路上的內容與智慧型手機的APP。

我工作時很常使用**手寫筆記**。雖然電腦已經問世二十年以上，現代也有智慧型手機與平板電腦這類方便的工具，在紙本上手寫筆記或許會讓人覺得有點落伍。

只不過我一直堅信再也沒有像手寫筆記如此萬能的強力武器了。

工作的討論、寫在萬用手冊裡的日記、看完漫畫與電影之後的感想……，要從如此龐雜的紀錄之中整理出對工作最重要的內容，也就是所謂的**產出**，是有一套方法的。

對我最重要的東西就是「內容有趣的企畫」。現今這個時代，數位內容每天都會大量產出與消費。這些內容如果無法在社群網站這類媒體引起話題，就只能步上消失的命令。對於製作內容的人來說，能不能「引起話題=爆紅」，是攸關生死的問題。

從事這份工作之後的二到三年間，我一直很苦惱自己想不出爆紅的企畫，但就在某次因緣巧合下重新全面檢視自己**使用筆記本**的方法後，靈感不斷地湧現，自己的企畫也得以爆紅，之後也每年都領到「文化廳媒體藝術祭」與「Yahoo！Japan網路創意大獎」這類獎項。

現在這個世界充斥著許多東西與服務，應該有許多人都有「商品雖好，卻怎麼也無法創造話題」的困擾吧。在競爭激烈的**紅海業界**裡，不管做出「多麼優秀的商品」，請不要因為這樣就單純覺得「我想告訴別人這商品有多麼棒」。明明很努力地製作，卻被以為是「好像在某處看過類似的東西」的話，實在是很可惜。

要讓別人覺得「這個好新奇」、「居然能做到這個地步！」，要讓別人覺得驚豔或產生共鳴，就必須在企畫裡面加入**前所未有的創意**。而創意的來源就藏在自己平常隨手記下的筆記裡。

除了寫企畫的工作之外，這個方法也很實用，例如為了將商品賣給客人，而想設計行銷話術的業務員、需要統整工程師，推動開發企畫案的專案經理、必須催生出新設計的設計師，不管從事哪方面的工作，活用筆記一定能讓自己的「產出」變得刮目相看。現代不管是什麼工作，都需要「解決問題的創意」而創意就藏在日常的業務之中，可透過手寫筆記挖掘出來。

工作時會寫筆記，卻從來沒複習過。不知道該如何應用筆記本裡的筆記，或是試過一些筆記術或萬用手冊應用技巧，卻未能持之以恆。應該有不少人都有上述的問題吧。

我的筆記術真的只需要花一點點時間，就能做出之後能輕鬆複習的筆記。實際以這種方式寫筆記之後，我常發現那些平凡無奇的內容「都有可能成為熱門企畫」。

在事後回顧時覺得「這點子真厲害」的筆記可另外整理在**特別筆記本**裡，而這本特別筆記本將成為你自己的「祕笈」，於各方面應用。只需要在有空檔的時候拿出來翻一翻，就能找到許多有利於工作的創意。

在需要思考有趣的企畫時，我很習慣全面使用這本特別筆記本。「下週要去客戶那裡提案，有什麼有趣的創意嗎？」被問到這個問題時，我都會翻開筆記本看一下，迅速地回答，也常常得到「這個很棒耶，就提這個吧！」的回覆。拜筆記本之賜，我也成為眾人心目中的「點子王」。

這種筆記本的使用方法誰都能輕易學會。就算是一板一眼的人，或是沒有毅力的人都可以學會。我都會建議剛進入公司的員工使用，結果每個人產出的結果都變得令人驚豔。

沒辦法如預期想出創意的人、為「創造不出好商品」所苦的人，工作上碰壁的人，請大家務必參考本書的內容，如果能助大家一臂之力，那將是我的榮幸。

目次

第1章 從手寫的筆記想出讓商品爆紅、熱賣的點子

第2章 將靈感「種籽」收集在筆記本裡

第3章 打造滿滿創意種籽的一軍筆記本

第4章 從筆記本產出結果

第5章 讓創意昇華

第6章 人生將有所改變

第1章

從手寫的筆記想出讓商品爆紅、熱賣的點子

不記下來就忘記的點子其實不重要？

大學畢業踏入社會開始工作後，有件事讓我一直很困惑。那就是，有的人看起來明明沒那麼努力，卻像天才一樣，能夠突然締造難以置信的結果。

在同時進入公司服務的應屆生之中，是不是也有下列這種人？

「為什麼那傢伙可以取得這麼大份的合約？」

「為什麼那傢伙可以出席這麼重要的簡報會議？」

天縱英明的人不需要腳踏實地，不需要事前調查資料，也不需要用功準備，只需要跟公司前輩、客戶、酒肉朋友到處喝酒。問他：「你是怎麼想到這個企畫的？」他也只會回答：「就突然有靈感而已啊」。再問他：「平常有為了工作吸收什麼資訊嗎？」也只會得到：「沒有耶，只是每次去喝酒都會聽到有趣的故事」。

念書的時候，只要肯努力，就能得到讚賞。即便考試結果不佳，只要交功課，還是能拿到學分。學校存在的目的是「教育」，所以不只看結果，也會看過程，反觀公司這邊，情況就不太一樣。當然也有重視努力的前輩或上司，但是除此之外，他們更要求「拿出成果」。

還不熟悉工作的時候，沒辦法一下子就拿出成果，只能先看看別人怎麼做，從中學習，然後把學到的知識轉化為自己的東西，才能夠締造成績。無法找到專屬自己的方法就無法獨當一面。

說是這麼說，那些能跳過過程，直接拿出成果的天才總是讓我備感威脅。

因為我跟天才剛好相反，是必須**腳踏實地**的人。

就常理而言，屬於天才的人只有一小撮，腳踏實地的人壓倒性地佔多數，但在創意大師的世界裡，卻有很多人看起來像天才，害得我總是覺得自己沒有容身之處。

我從高中時代就是**筆記狂**。只要一想到什麼，就會立刻寫在筆記本裡。老家現在也還有當時的筆記本，裡頭還寫著「第一次聽嗆紅辣椒的演唱會，真是太酷了」這種讓人不置可否的筆記。

從學生時代開始，我就很崇拜那些能感動他人的創意大師。我很想像他們一樣想出厲害的點子，也讀了很多有關**創意發想**的書，為了學會專屬自己的創意發想法，也曾不斷地實驗與失敗。

當天才般的創意師不斷地想出厲害的點子，我卻只能認真地寫筆記，不斷地讀書學習。面對這種情況，我開始不安地覺得：「這樣下去，我真的能當上創意發想師嗎？」有些創意發想師武斷地說：「不寫下來就會忘記的創意，不是什麼了不起的創意」。這種說法讓我大受打擊。

的確，有很多厲害的電影預告或是電視廣告都精彩得教人一眼難忘，就算不寫筆記，也能跟別人說：「那個〇〇真的好厲害啊！」所以我知道，有些厲害的創意不用記下來也能一直烙印在腦海裡。

只不過要是每個人都提出那麼厲害的創意，會有什麼結果？恐怕這世界滿滿都是簡單到能一語道盡，厲害到教人難忘的大企畫，這樣應該很無聊吧。這世上應該有能夠活用小創意、日常小驚喜的方法才對。所以才會想做出讓大家大吃一驚的企畫，然後不斷地嘗試與失敗吧。

簡單來說，我這種經過不斷地嘗試與失敗才完成的筆記術對於腳踏實地的人來說，絕對是**劃時代的武器**。孜孜不倦地將自己感興趣的事情記下來，就能根據這些筆記寫出有機會製造話題的原創企畫。

每個人都會寫筆記，所以經驗尚淺的年輕員工也能使用這個筆記術。就實務而言，我在以前服務的公司替年輕創意師進行教育訓練時，曾告訴他們：「一開始只是做做樣子也好，試著像這樣做筆記吧」，結果有不少人就想出專屬自己的創意。

雖然有點自相矛盾，不過這種筆記術也很適合天才使用。請您稍微回想一下身邊那些天才，是不是有那種在剛進入公司的時候被眾人異口同聲評為「這傢伙是十年一遇的天才！」卻在幾年之後為了沒有任何成長而煩惱的人呢？對於煩惱自己沒有任何成長的天才而言，我的筆記術可幫助他們找回靈感。話說回來，這是要讓這些天才利用筆記這項工具主動執行那些平常以潛意識執行的創意發想過程。

連「聚餐」也要寫筆記的理由？

進入公司後，第一件學到的事情是什麼？應該是「開會的時候要寫筆記」這件事。來會議室卻沒帶萬用手冊也沒帶筆的新人，被前輩大罵：「你不配當個社會人」是新年度剛開始的職場常見的情景之一。

開會之所以要寫筆記，是為了怕忘記自己該做什麼事。要是後來問上司或前輩「那時候我被交辦什麼工作啊？」就不知道為什麼要開會了。

大部分的人在開會的時候都會寫筆記，可是卻很少人在開會之外的時間活用筆記，但是我會在任何情況寫筆記。

例如，我的工作是製作網路或智慧型手機的內容，所以只要看到有趣的內容，就會想到「這個不錯」然後紀錄下來。

「居然會有這種想法！」、「這設計太酷了吧」、「這服務真是新穎」，只要遇到這類內容，我都會先寫下來。

這些筆記都有可能成為工作的參考資料，而且能作為參考資料的不限於數位內容。看電影、聽音樂、看雜誌、看書、看漫畫，只要看到有趣的內容，我都會先寫下來。即便跟我的工作領域有出入，也常常從這些地方找到值得應用的創意。

有時候，就算不是具體的內容，也能帶給我靈感。比方說，看到自己的小孩做了什麼有趣的事情時，我心中會響起「就是這個！」的聲音，然後紀錄下來。喝酒喝到很晚，喝得爛醉如泥時，突然對朋友隨口說的一句話有反應，會覺得「這句話之後說不定可以用」，然後把靈感寫在啤酒杯的杯墊上。

這些筆記的中心思想就是「之後可以當作企畫的參考資料」。換言之，這些筆記要用在什麼地方，要用來產出什麼早就決定了。以我而言，就是用在「企畫」。

我的筆記術的第一步，就是把每天覺得有趣的事情寫在筆記本裡。重點在於，一開始**先決定這些筆記要用在哪裡**，然後再把覺得有趣的事情記下來。為什麼要先決定要從筆記本產出什麼呢？除了因為這樣紀錄比較有效率之外，最大的理由在於這樣才能持之以恆地一直紀錄下去。

寫筆記這件事不一定侷限於工作開會，也可以在「看電影」、「讀書」、「漫畫」、「看電視」的時候寫下感想，或是從每天的「生活」、「旅行」、「展覽」或是喝酒的時候，汲取有可能成為工作靈感的內容。

寫筆記這件事不一定侷限於工作開會，也可以在「看電影」、「讀書」、「漫畫」、「看電視」的時候寫下感想，或是從每天的「生活」、「旅行」、「展覽」或是喝酒的時候，汲取有可能成為工作靈感的內容。

每天紀錄有趣的事情是件很麻煩的事，也正因為如此，漫無目的地紀錄是不可能長久的，而且不能只是訂出**「把能用在工作上的內容記下來」**這種模糊的規則，而是要訂出「把那些能讓自己的企畫更有趣的內容紀錄下來」的具體規則。

具體地決定要產出的內容後，日後回顧筆記也比較輕鬆。不具任何意義的筆記，讀起來也很辛苦，所以具體決定要產出的內容後，就能在回顧筆記的時候了解自己容易受什麼事物感動，換言之，能從筆記了解自己的喜好。掌握自己的喜好是能否做出原創企畫的關鍵。

或許有些人會以為「反正就是為了工作寫筆記就好了吧？」但其實這中間是有點出入的。我雖然把自己的「企畫」當成一種產出，但其實是因為我很喜歡想有的沒的，很喜歡把創意寫成企畫(所以我才說我是**發想的阿宅**)。

姑且不論能不能在工作上應用，我建議大家把自己最有興趣的事物寫成企畫，即便跟工作有點無關也無妨。常言道「喜歡才能熟能生巧」，但也代表有興趣的事情才能持之以恆。能不以為苦地持續做著某件事，那件事就是做的那個人的才能。

舉例來說，假設有個人很喜歡收集廣告，他應該會很喜歡透過網路瀏覽國外的廣告大獎，也會很喜歡閱讀廣告相關的專業書籍或是廣告文案大賞類的書籍吧。如果他在閱讀這類資料的時候，把讀書心得整理成筆記，然後把這些筆記上傳到部落格當成自己的天職，想必能毫不厭倦地繼續收集這些資訊。

像這樣的人就算不在廣告公司上班也沒關係。即便曾在廣告公司上班，之後也可以跳槽到遊戲製作公司。不過，直到到現在他都還是廣告迷，也會常瀏覽各種廣告。這種人的筆記一定能在日後開花結果。

有時候，這些筆記會為現在的本業創造莫大的利益。

精選的創意就整理到「一軍筆記本」

我的筆記活用術大致可分成三個步驟。

1 無時無刻將每天覺得有趣的事情記在筆記本裡。
2 從這些有趣的事情挑出精華的部分，再謄寫到特別的筆記本裡。
3 頻繁地複習這些精選的內容，當成產出創意時的材料使用。

一如前述，第一個步驟的重點在於先決定要產出的創意，再根據創意的方向紀錄有趣的事情。不過呢，我在掌握這個步驟的要訣之前反覆實驗與失敗了很多次。

雖然我以前就是很愛寫筆記的人，但因為我沒有明確的目標，所以紀錄的都是沒用的內容。進入社會後，為了將這些筆記應用在工作裡，就發憤圖強地利用週末整理筆記本龐雜的筆記。不過，筆記的份量本來就很多，光是複習也不輕鬆。

「在我花這麼多時間整理筆記時，那些天才會不會突然蹦出什麼創意啊……」也曾經如此焦慮過。

之所以能擺脫如此吃力不討好的整理，全是因為我發現了下個步驟，也就是「只將精選的內容謄寫到特別的筆記本裡」這個步驟。

能發現這個步驟純粹是偶然。當時的我因為工作太忙，忙到住院休養，而住院什麼不多，時間最多，所以就翻開自己的筆記，從找挑出覺得「這個還真有趣」的創意，然後整理到其他筆記本裡。

這個步驟的靈感來自博報堂kettle的創意總監嶋浩一郎先生寫的《嶋浩一郎的創意製造術》（Discover 21）。嶋先生會先準備一本整理精選主題的**一軍筆記本**，而這本筆記本裡的內容都當成企畫的材料使用。簡單來說，就是音樂家收集熱門金曲的**精選專輯**。我也依照自己的習慣使用嶋先生這個方法。

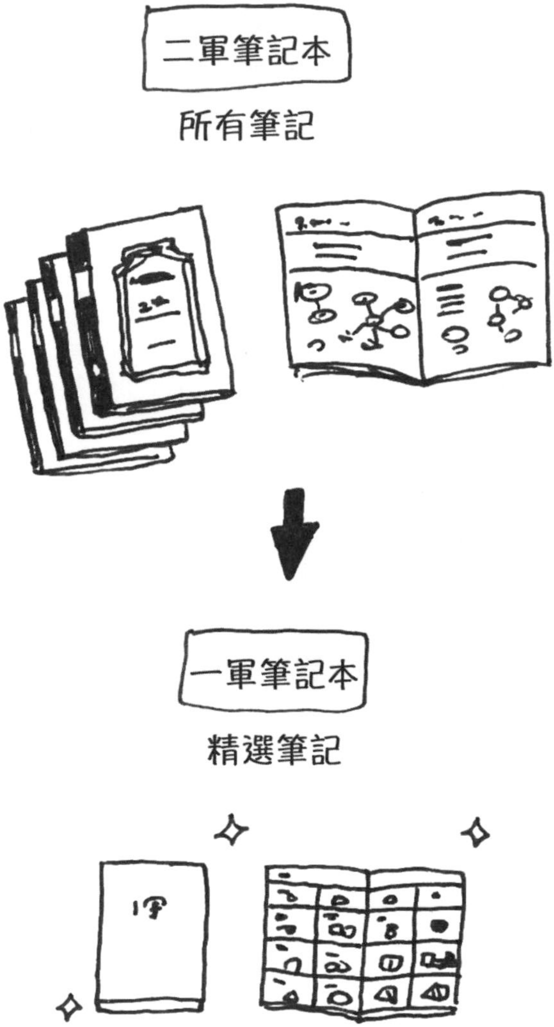

每天的開會、觀看電影與閱讀書籍的心得都屬於筆記的內容，也全部寫在「二軍筆記本」裡。從中挑出來的內容則整理到「一軍筆記本」裡。二軍、一軍這種命名方式源自博報堂kettle的嶋浩一郎先生。

平常用來寫筆記的筆記本則稱為**二軍筆記本**。把這本筆記本稱為「二軍」可降低寫筆記時的心理門檻，會有一種「雖然不是什麼了不起的內容，就先紀錄下來吧」的心情。用這種心情寫下的筆記偶爾在日後回顧時變得很有趣，也讓我覺得很不可思議。

此外，御茶水女子大學的名譽教授外山滋比古先生的名著《這樣思考，人生就不一樣——早知道該多好的思考整理術》（究竟出版）將整理精選創意的筆記本稱為**超筆記本**。外山教授的做法是先將各種創意寫在萬用手冊裡，經過一陣子再複習，然後把覺得有趣的創意寫到另外的筆記本裡。等到又經過一陣子，再重新複習另外那本筆記本，然後再把覺得有趣的創意寫到另一本筆記本。這本最終的筆記本就稱為超筆記本。

外山教授的方法不在於瞬間產出大量的創意，而是將重點放在花時間**深化自己的思考**，所以創意要需要經過兩次的淘汰。反觀我只淘汰一次。

此外，我把整理精選創意的筆記本稱為一軍筆記本，這點跟博報堂kettle的嶋先生一樣，而本書也採用這個稱呼。

其實我每次寫筆記本的時候，都會先在封面寫上「一軍筆記本」與「二軍筆記本」，而當年輕的創意發想師問我「能不能教我找靈感的方法」，我就會勸他們試試看這個方法。

一開始會先請他們從模仿開始。由於這個方法不太難，所以只要動手試做幾次，就知道這麼做的目的何在，而且當他們持續做一段時間後，就會找到屬於自己的方法，這也是挺有趣的部分。

此外，將二軍筆記本的筆記抄到一軍筆記本的時候，我會多花一道工夫。那就是不會只是原封不動的抄寫，而是試著讓這些筆記擴張，讓這些筆記變成有趣的創意。外山教授也有類似的方法。外山教授將筆記抄到另一本筆記本的時候，會多寫一點想到的創意。

不是單純地抄寫，而是讓筆記擴張成創意。對於發想阿宅的我而言，這真的是很快樂的作業。即便是一開始沒想到會派上用場的筆記，光是以「之後說不定能跟其他創意結合」、「說不定可在不同的情景下使用」的想法加工一下，就能讓這些筆記變身成前所未有的創意。

我之所以會多花一道工夫，全是為了找到「讓人印象深刻，品質極高的創意」。**讓人印象深刻**這點在社群網站充斥大量資訊，資訊大量消費的現代是非常重要的關鍵。

在推特公開的「作品」引起共鳴，進而爆紅

接下來為大家介紹一個看似平凡，最後卻造成轟動的例子。

要介紹的就是「Receipt Letter」(http://receipt.nezihiko.com/)這個作品。

Receipt就是我們每次結帳都會收到的發票，也就是上面只會印著日期、商品名稱、金額、金額總和與找零這類事務性資訊的紙。可是，連續劇常出現單憑一張發票就能發現另一半外遇的情節。

某天，老婆看到老公的錢包裡，有一張很陌生的發票，那天明明後是去出差，到底是跟誰去旅行，而且還買了髮圈……。

明明只是說明購物內容的普通紙張，卻散發著強烈訊息這點真的很有趣。既然如此，我才想到要不要試著活用這個強烈的訊息性，將發票做成讓人覺得開心的信。

於是我把發票上的商品名稱換成「Receipt Letter」。

我做的「Receipt Letter」的訊息全文大概是這個感覺。

「總是為我準備美味的料理／非常感謝妳／之前吃到的／餃子火鍋／實在非常好吃／今天是好夫妻日／我買了哈根達斯／回家一起吃」

然後也在金額的地方動了手腳。「非常感謝妳」的部分是39日圓，「今天是好夫妻日」的部分是1122日圓。（39日圓：日文的39發音近似「Thank you」。1122日圓：日本11月22日為好夫婦日，1122的發音近似「好夫婦」。）

這個作品的發表方式也很特別。我把Receipt Letter丟在家裡的桌上，老婆看到後，拍了張照片上傳至推特。

「昨天瞄了一下老公丟在桌上的發票後，發現上面寫著餃子火鍋，正想仔細看一下那傢伙吃了什麼，沒想到居然是封信！」

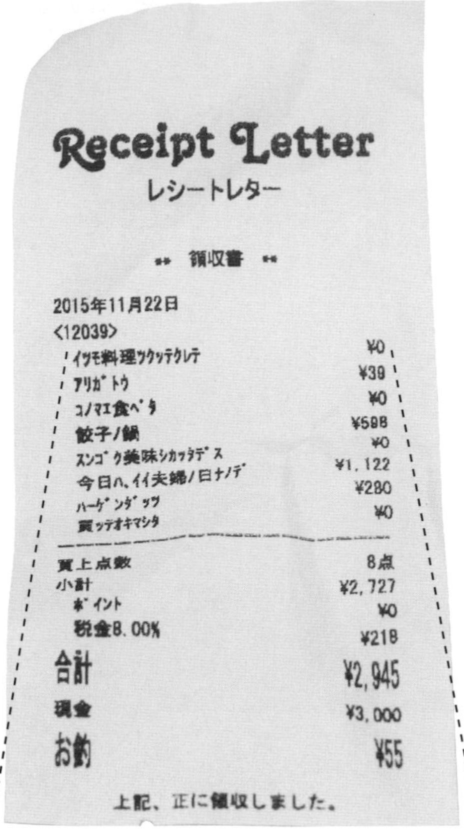

Receipt Letter
レシートレター

** 領収書 **

2015年11月22日
<12039>

イツモ料理ツクッテクレテ	¥0
アリガトウ	¥39
コノマエ食ベタ	¥0
餃子ノ鍋	¥598
スンゴク美味シカッタデス	¥0
今日ハ、イイ夫婦ノ日ナノデ	¥1,122
ハーゲンダッツ	¥280
買ッテオキマシタ	¥0

買上点数	8点
小計	¥2,727
ポイント	¥0
税金8.00%	¥218
合計	¥2,945
現金	¥3,000
お釣	¥55

上記、正に領収しました。

總是為我準備美味的料理	\0元
非常感謝妳	\39元
之前吃到的	\0元
餃子火鍋	\686元
實在非常好吃	\0元
今天是好夫妻日	\1,122元
我買了哈根達斯	\280元
回家一起吃	\0元

用發票的文字組成一封信的「Receipt Letter」在11月22日(好夫婦日)於推特上公開，轉推次數超過四萬次以上，也得到電視節目的介紹，許多人都認為「很溫馨」，也有人說「老公買了哈根達斯回來」，也因此成為話題。

這篇推文瞬間被轉推，最後居然超過四萬次。

老婆上傳的那天恰巧是11月22日，也就是「好夫婦日」。這篇在好夫婦日上傳的小故事被各種網路媒體介紹，甚至還被電視的資訊類節目介紹。過了一段時間後，綜藝節目播放由搞笑藝人重演的「Receipt Letter」的片段。

老實說，我沒想到會引起如此的迴響，而這個例子也告訴我很多事。

第一點告訴我的是，這純粹是個人的作品。這不是客戶拜託我做的東西，也不是自家公司提供的服務，單純是為了「我覺得這麼做應該會很有趣」而做的作品。

其次，這個「Receipt Letter」會引起話題全拜老婆上傳之賜，當然我也擔心被老婆直接丟到垃圾筒啦……。像這種**偶然**公開的東西會被不斷轉載，正是社群網站的特徵之一。

我的筆記術的重點在於每天寫筆記，然後將精選的筆記謄寫到一軍筆記本的時候，會時時注意產出的方向。這裡說的「產出」指的不只是客戶委託的工作或自家公司的服務，總之不只是本業的工作，還包含個人的作品。如果覺得說成作品太誇張，也可以將創意整理到部落格裡。這也是很精彩的產出，只要公諸於世，說不定會收到預料之外的迴響。

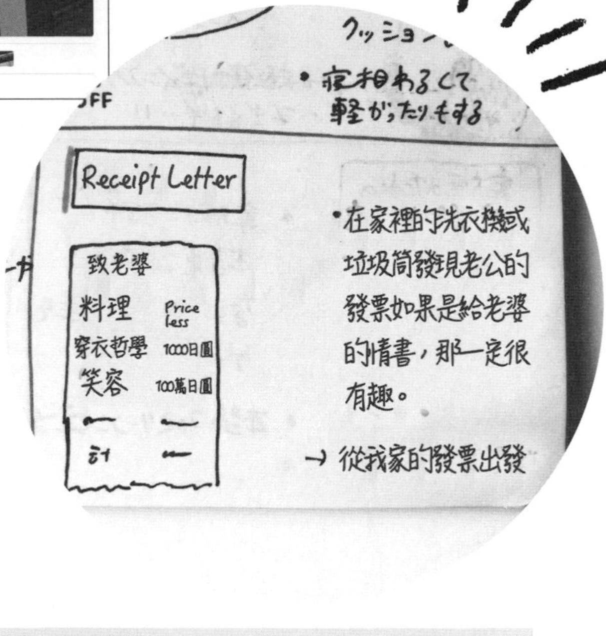

「Receipt Letter」是我的老婆將照片上傳至推特後，才被「公開」的。我寫在一單筆記本裡的創意是「老婆看到老公的發票時，結果是寫給老婆的信的話一定很有趣」。

要是只把工作上的作品當成產出就等於是劃地自限。有機會發表與本業無關的作品，對自己的經歷可是有很大的幫助的。

翻閱一軍筆記本的時候，偶爾會有「這個創意好有趣，好想用在某處」的想法，而「Receipt Letter」就是這個想法的具體結果。我在一軍筆記本裡寫了「老婆在家裡的洗衣機或是垃圾筒看到老公的發票時，結果居然是一封信的話一定很有趣」。這個創意雖然無法應用在客戶委託的案子裡，但剛好很接近「好夫婦日」，所以想試著把這個創意做成自己的作品。

我先找了可以在發票這種紙質且能清楚印刷的印表機試作，結果真的做出很像發票的作品。就是因為很像，所以很多人在看了照片之後才會有所反應。

發表這種個人作品後，有些客戶問我：「這作品真的很有趣耶，也能幫我們做出這種內容嗎？」可見即使是與工作無關的產出，也有可能對本業有所幫助。

利用插圖式筆記，將創意整理成型錄的格式

一軍筆記本該怎麼寫才好？這得依照要產出的內容決定。換言之，每個人都可依照自己的方法寫。

博報堂kettle的嶋先生只簡單地列成條列式，而我則一定會加上簡短的註解與插圖。我會這麼做，完全是因為我常需要製作數位內容，所以加點視覺效果，之後比較容易看懂。

而且我以前在美術大學學過**裝置藝術**。裝置藝術是一種現代美術的表現手法，可透過物件或裝置將場所或空間佈置供觀賞者體驗的作品。不管是工作還是個人的作品，我都會用到裝置藝術的概念，所以在一筆筆記本裡加入插畫，有助於我發想作品。

我會買小一號的筆記本當成一軍筆記本使用。買來後，我會將一頁分成8個區塊，再於每格區塊分別畫出創意。也會利用百樂FRIXION原子筆塗點顏色。這麼做很方便日後複

習，也能讓別人了解創意的概念。

聽到「花點心思讓自己能頻繁複習筆記本的內容吧」這句話，許多人想到的都是買小本一點，價格略貴的筆記本，當成一軍筆記本使用。想必這是因為光是翻閱自己喜歡的筆記本就會覺得很快樂的緣故吧。

接下來為大家介紹把畫在一軍筆記本裡的插圖應用在商品開發的實例。這項作品是混合式黑板app「Kocri」(http://kocri.com/)。

學校裡的黑板已經超過一百年以上沒變過。如果從IT科技的進化角度來看，黑板的設計與樣式一定顯得很老舊落伍。不過，要替全國的小學、國中或高中換新黑板，恐怕又得耗費不少成本。

Kocri可利用投影機將動畫或圖片輕鬆地投影在這類黑板上。這套app可將智慧型手機當成遙控器使用，老師可一邊用粉筆在黑板寫字，一邊視情況顯示需要的地圖、照片、文字或是圖形。要投影的內容可利用智慧型手機製作，對老師來說也比較輕鬆。

這套app是與大型黑板製造商共同開發的。由於能於板書併用，所以命名為「混合式黑板app」。能直接應用傳統的黑板這點能讓老師少點負擔，兒童與學生也能開心地上課，

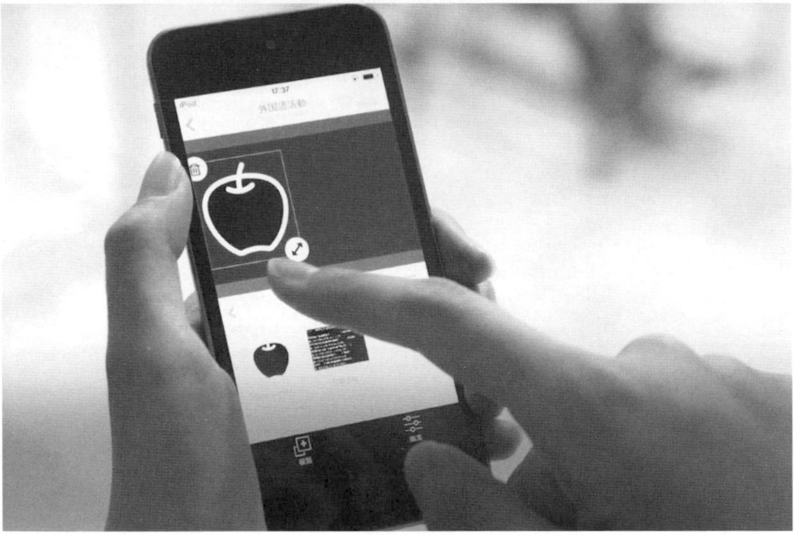

混合式黑板app「Kocri」是與大型黑板製造商一同開發的作品。學校老師可利用電腦或智慧型手機製作教材，然後利用投影機投射在黑板上。

簡單來說就是百利而無一害。Kocri這套app得到了「優良設計獎百選／未來製造設計獎」。

這類app很重視**體驗**，所以也摻雜了裝置藝術的元素。如果學校的老師覺得「用起來簡單，備課也很輕鬆」，兒童與學生覺得「課程變得很有趣」，這套app就算成功。這套app的開發與許多人有關，所以有沒有透過插圖說明概念，結果會有很大的差異。

接著再介紹一個裝置藝術的實例。這個作品是「SOUND OF TAP BOARD」(http://tap-board.nezihiko.com/)。這是一套根據踢躂舞鞋的聲音不同，踢躂舞會有什麼變化的概念所開發的作品。

踢躂舞的特徵在於輕快的斷奏。不過，若是踢躂舞鞋的聲音是黃金的「叮鈴叮鈴」的話，會有什麼結果？如果是狗叫聲呢？蒼蠅的振翅聲呢？我實際做了一個能發出這類踢躂聲的踢躂板，也請了踢躂舞舞者在上面跳舞之後，發現了一些有趣的事情，而且跳舞的方式也有所改變。

這項作品是為了「3331 α Art Hack Day 2015」製作，也得到「Service Product最優秀獎」。實際展示時，孩子們也快樂地跳著令人訝異的踢躂舞。

「SOUND OF TAP BOARD」是一件根據「如果踢躂舞鞋的聲音不同，踢躂舞會有什麼改變」的概念開發的裝置藝術作品。將踢躂舞鞋的聲音換成樂器、動物的叫聲、電子音效、機械音效之後，踢躂舞舞者的舞蹈也會跟著改變，這點真的是很有趣。

每個人製作一軍筆記本的方法都不同，也有可能只寫文字。編輯有可能會把讀書心得、在書店發現的書、雜誌的單元報導先寫在二軍筆記本，然後在一軍筆記本撰寫自己想編輯的書的暫定書名，也可能花2～3行寫下相關內容的文章。

當然也有可能是整個版面都是花俏的視覺內容。如果是以平面設計維生的人，要想保存難以透過數位格式保存的印刷品質感或細部的表現，就有可能直接把各種印刷品貼在一軍筆記本裡，然後在一旁加上註解。在有空的時候翻閱這種「能體驗印刷品觸感的一軍筆記本」，一定會有裝置藝術的靈感湧現。

此外，不一定非得使用類比工具的筆記本，也可使用數位工具做筆記。「Evernote」這類工具可當成二軍筆記本，紀錄覺得有趣的事物，然後再把從中精選的內容整理到一軍筆記本裡。使用方法跟紙本的筆記本無異，二軍筆記本與一軍筆記本也可以使用不同的工具代替。這類工具的優點在於可在電腦與智慧型手機使用。在搭車移動的時候拿著智慧型手機翻閱一軍筆記本的話，或許可催生出嶄新的創意。

從「鈴木一朗偏執症候群」畢業，提升爆紅率吧

說得或許有些誇張，不過在我找到屬於自己的一軍筆記本活用術之後，我的人生真的改變了。

在此之前，盡管我每天認真地寫筆記，工作成績總是起起伏伏，但拜一軍筆記本之賜，我總是能想到造成話題的創意。

「製作內容的工作本來就不一定每次都能想到靈感」，或許大家都是這麼想，但是能穩定地提出創意後，不僅讓我變得更有自信，也更有餘力提升創意的品質。漸漸地，不管是公司內部的人，還是公司外部的客戶，都覺得「我是創意大師」。

在懂得活用一軍筆記本之前，我只要一忙，就變得很不從容。常言道「創意總是在緊要關頭的時候降臨」，但我幾乎沒遇過這種事，或許是因為我只會腳踏實地吧。即使客戶突

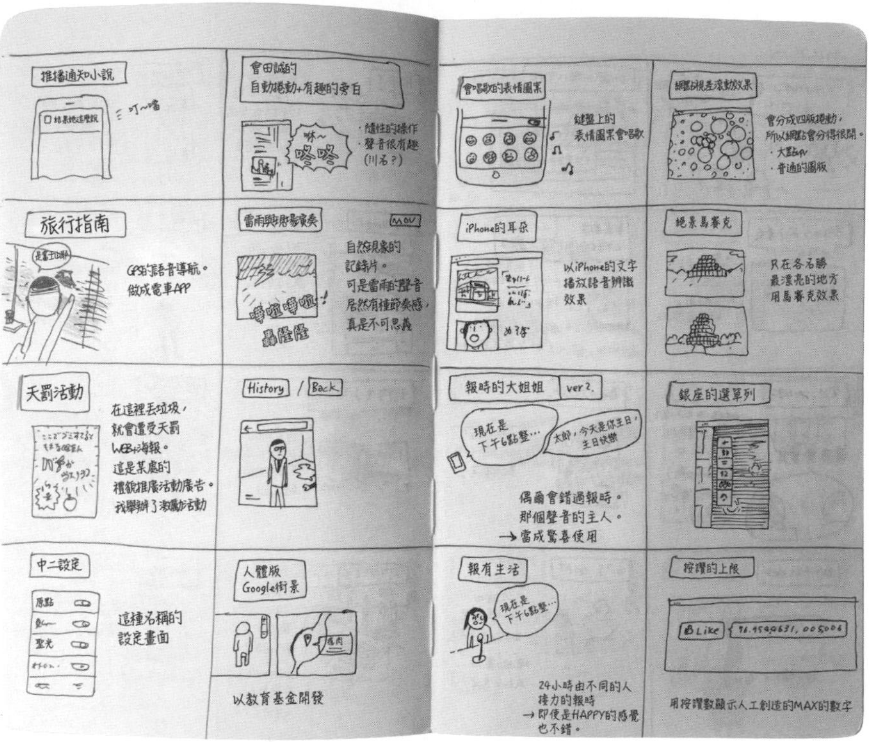

將自己精選的內容整理到「一軍筆記本」。選購小本一點，稍微高級的筆記本，會比較想隨手攜帶。

然說：「拜託你趕快提案」，我也拿不出什麼好點子。不過，現在遇到這種情況時，我只要翻翻一軍筆記本，就能找到靈感，所以再也不會為此而心慌慌。在大家一起腦力激盪的時候，我也能單手拿著筆記本說：「這樣的話，我有個好點子喲」，立刻提出需要的創意。

我覺得對於習慣腳踏實地的人來說，一軍筆記本就像是武器，不管是開會時被要求要即興演出，或是突然被要求要早點交稿，只要手邊有這本塞滿趣味創意的一軍筆記本，就能搞定這些要求。

我一直認為，腳踏實地的人能透過不斷地努力做出好作品，而且我也是這樣的人。讀過很多本書之後，有一本書裡寫道：「腳踏實地，認真努力地做最重要」這句話，我忍不住點頭地說：「嗯嗯，沒錯沒錯」。

不過就現實來看，努力不一定會有成果，而且說不定有許多腳踏實地的人會不滿地認為「為什麼這麼努力，卻總是拿不出成績呢」。

這世上有許多鼓吹腳踏實地，認真努力的書，而這類書很喜歡介紹鈴木一朗這位選手的例子。一朗選手在每天的訓練與比賽都一直重覆做著相同的事。透過不斷地累積，回過神來，發現自己成為「世界最會打安打的男人」，光是在美國大聯盟的紀錄就超過三千支安打。

「一朗選手能留下如此偉大的成績，全因努力不懈的緣故。只要你也努力不懈，有一天也能締造如一朗選手般的成績」

寫著這類句子的理財書籍還是網路上的文章真的多如牛毛，而且都散發著「一朗好厲害」、「每個人應該要像一朗般努力」、「一朗、一朗、一朗萬萬歲……」的感覺。

我把這種情況稱為「一朗偏執症候群」，簡稱**一朗症候群**。

一朗的確是很努力，但也不能一味地覺得「努力是件很偉大的事」。

腳踏實地的人應該要先擺脫這個一朗症候群，找出讓自己每天的「努力」化為「實際成果」的方法。

以我而言，我的方法就是一軍筆記本。感覺上，這本一軍筆記本就像我的分身，總是讓我愛不釋手。

平常沒怎麼努力，突然間締造不俗成果的天才，跟一朗症候群或許沒什麼關係。不過，腳踏實地的人也有專屬自己讓努力開花結果方法，只要能找到這個方法，人生就會大幅改觀。

筆記本的優點在於**可透過每天的筆記反省自己的內在。自己喜歡什麼？對什麼很執著？什麼時候能做出好作品？**只要能徹底了解自己的特徵，就能讓寫在筆記本裡面的支字片語具體成形，也能在公諸於世之後，與更多的人分享。

一邊看著二軍筆記本裡的內容，一邊挑出覺得有趣的內容，然後讓創意延伸或是寫在一軍筆記本裡。在天才的眼中看來，或許這是浪費時間或很沒效率的事，但這卻是能有效使用時間的方法。

為了能在短時間內製作出一軍筆記本，就必須在二軍筆記本的寫法上多下一點工夫。下一章將介紹二軍筆記本的寫法。

第 2 章

將靈感「種籽」收集在筆記本裡

從筆記本的種類、編排、色筆……找到適合自己的樣式

善用筆記本這件事一直是我工作的祕訣，也很用心地挑選適當的筆記本。至今我試過許多家廠商製作的筆記本，現在主要使用的是燕子牌橫罫筆記本。兩百日圓就能買得到，用起來比較輕鬆之外，我也很喜歡復古風的封面。我也很喜歡義大利公司銷售的知名MOLESKINE，但是這款筆記本有點貴，所以只拿來當成整理精選筆記的一軍筆記本使用。

我對別人使用哪種筆記本有著莫名的興趣，每次開會時，我都會盯著別人寫筆記的樣子，然後忍不住跟別人閒聊：「你使用的是白底的筆記本嗎？」、「你使用的是藍色墨水的筆啊」。每個人重視的地方都不同，這點實在很有趣。

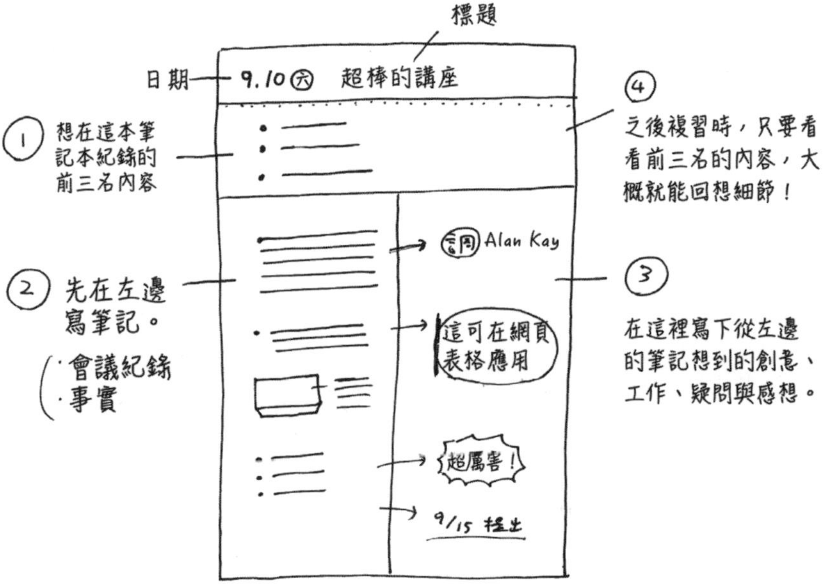
標題
日期
9.10 ㊏ 超棒的講座
① 想在這本筆記本紀錄的前三名內容
④ 之後複習時，只要看看前三名的內容，大概就能回想細節！
② 先在左邊寫筆記。
·會議紀錄
·事實
調 Alan Kay
③ 在這裡寫下從左邊的筆記想到的創意、工作、疑問與感想。
這可在網頁表格應用
超厲害！
9/15 提出

我會先切割頁面再使用。最上方是這張頁面的總結處，主要用來整理「想在這本筆紀本紀錄的前三名內容」 ①工作開會這類會用到筆記本的情況裡，我會先在把筆記寫在左側 ②若是從左側的筆記想到一些創意、相關的工作、疑問或是感想，就會寫在右側 ③之後翻閱筆記時，只要看了上方的筆記，就能想起大致的內容。

我翻開筆記本之後的第一件事，就是在距離頁面上緣5公分處畫一條橫線。工作開會時，會把筆記寫在這條橫線下面，橫線上方則寫日期以及筆記的概要。具體來說，我會把這張頁面的內容整理成三個重點，這種做法的優點在於之後翻閱筆記本的時候，只需要看橫線上面的內容。

之所以會畫線分割頁面，是受到**康乃爾筆記法**的影響。康乃爾筆記法是由康乃爾大學華特波克(Walter Pauk)發明的筆記方式，原創的方法是在距離頁面下緣5公分之處畫一條橫線，然後在下面寫筆記的概要。

再者，康乃爾筆記法會在距離頁面左側6公分處畫一條直線，在左側紀錄重點，在右側撰寫筆記的內容。但我稍稍地改變了這個方法，在頁面的正中央畫線，然後在左側撰寫原因（事實）以及開會記錄，然後在右側撰寫相關的考察或是聯想到的創意。

什麼場合會寫筆記？聽到這個問題，第一個想到的就是開會吧。工作開會時，大部分的人都會攤開筆記本，然後手上拿著筆。最近也有越來越多的人是用筆記型電腦寫筆記，但是，就算工具換成數位的，寫筆記的方法因人而異這點還是一樣的。

我寫筆記的重點在於方便日後複習。雖然用黑色原子筆寫筆記有點老套，不過我會在這些筆記的旁邊用「藍色」、「粉紅色」、「綠色」的百樂FRIXION原子筆打勾勾，這也是我寫筆記的特徵之一。

藍色是特別想強調或是重點內容。

粉紅色是有趣的創意，之後寫企畫的時候，可參考的內容。

綠色是該做的事，也就是所謂的待辦事項。

在黑色原子筆記寫的內容旁邊，用三種顏色的原子筆畫線或是括起來。

重點在於，我都是一邊跟別人說話一邊寫筆記，所以不會太麻煩。不斷嘗試地寫，最後才找到這種寫筆記的方法。使用有顏色的原子筆的時候，簡略地畫幾條線是我節省時間的祕訣。有時也會在開會結束後，把筆記重新看一遍，然後再用有顏色的原子筆在需要的地方畫線。

經過一段時間之後，若覺得「想看看那時候的筆記」，我會先從筆記本橫線上方的概要找到我需要的頁面，然後再快速地閱讀一下用藍線標記的部分，這時候大概都能想起當初開會的內容，因為藍色是重點內容的標記。看到綠色原子筆標記的部分，我就會知道有哪些待辦事項該完成。如果是用智慧型手機的app或萬用手冊管理待辦事項，可在開會結束

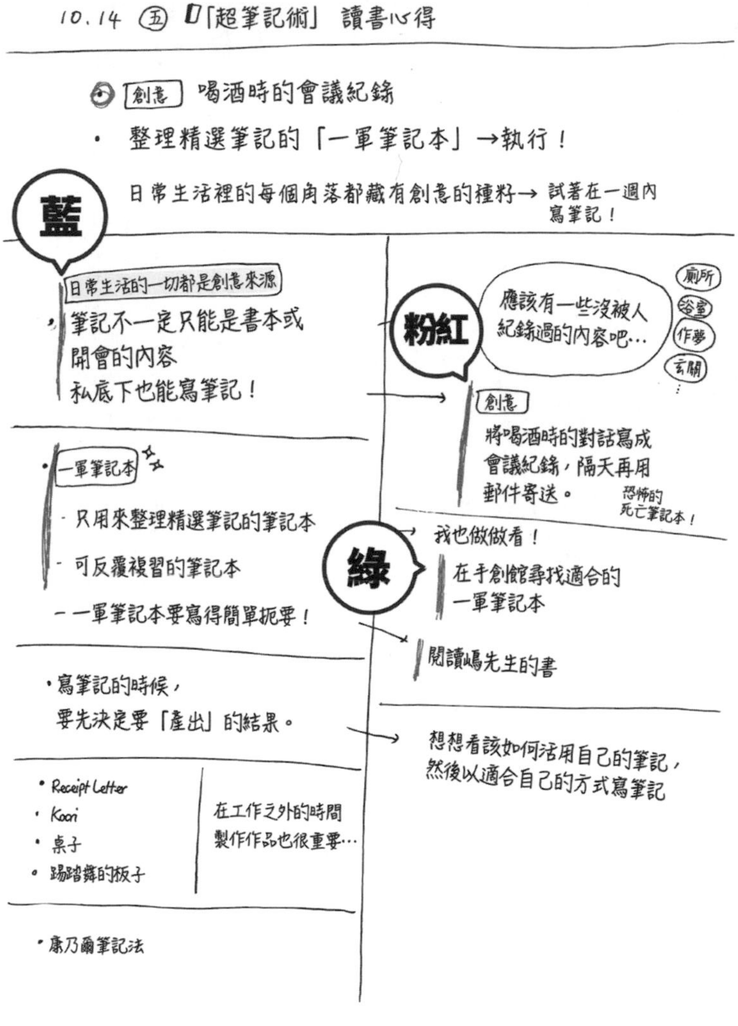
10.14 ㊄ 「超筆記術」 讀書心得
創意 喝酒時的會議紀錄
• 整理精選筆記的「一軍筆記本」→執行！
藍
日常生活裡的每個角落都藏有創意的種籽→ 試著在一週內寫筆記！
日常生活的一切都是創意來源
• 筆記不一定只能是書本或開會的內容
私底下也能寫筆記！
粉紅
應該有一些沒被人紀錄過的內容吧…
廁所
浴室
作夢
玄關
創意
將喝酒時的對話寫成會議紀錄，隔天再用郵件寄送。
恐怖的死亡筆記本！
• 一軍筆記本
- 只用來整理精選筆記的筆記本
- 可反覆複習的筆記本
– 一軍筆記本要寫得簡單扼要！
綠
我也做做看！
在手創館尋找適合的一軍筆記本
閱讀嶋先生的書
• 寫筆記的時候，
要先決定要「產出」的結果。
想想看該如何活用自己的筆記，
然後以適合自己的方式寫筆記
• Receipt Letter
• Koori
• 桌子
• 踢踏舞的板子
在工作之外的時間製作作品也很重要…
• 康乃爾筆記法

使用有顏色的原子筆整理筆記。重點的內容用藍色標記，之後有可能當成企畫參考資料的內容用「粉紅色」標記，必須完成的工作則用「綠色」標記。

後，再謄寫綠色的內容就好。

在想企畫的時候，我會一邊翻筆記，一邊閱讀用粉紅色原子筆標記的內容。如果發現「這個好像有用」的內容，我就會整理到一軍筆記本。對我來說，這是一項很有趣的作業。

我最有興趣的事情就是寫出有趣的企畫或是製作作品，所以才會用粉紅色標記能用來參考的內容。要用什麼顏色的原子筆可根據自己筆記到底要產出什麼內容來決定。

每個人寫筆記的方法都不同。我是愛寫筆記的阿宅，一直以來，觀察了很多人寫筆記的方法，會在討論或開會之後寫**會議紀錄**的人，通常都能有效率地紀錄與會者的發言，也很擅長將會議紀錄整理成誰都看得懂的格式。此外，有些人習慣在萬用手冊裡寫日記。紀錄一整天遭遇或是察覺到的事情的日記，通常對工作很有幫助，所以有些人會在複習時，在值得參考的內容底下畫線。

這一章主要是希望大家想想每天寫筆記這件事，以及能在工作上產生決定性差異的筆記法。

雜誌、書、電影、閒聊……所有事物都藏有創意的「種籽」

開會的時候，常出現令人驚艷的創意。我想大家應該都有過類似的經驗，就是工作開會的時候，話題岔開，結果在看似沒有關係的話題上，發現有趣的觀點。這時候我通常會一邊想著「這個觀點說不定可用於某處」一邊急忙地抄在筆記本裡，然後用粉紅色原子筆做記號。

比方說，在討論新商品的活動時聊到「話說回來，這陣子看了這部電影……」，卻從這個話題找到能用於其他工作的點子。這種例子其實常常出現。

我覺得討論的好處在於**即時性**。對方會根據你的意見發想，而對方的發言會給你一些啟發，而意外的發現就出現在這一來一往的討論中。此外，你覺得「這會議還真無聊」的時候，偶爾也會出現「沒錯，就是這個」，突然靈光一閃的情況。如果能將這個靈光一閃寫成筆記，日後就有可能派上用場。

我常常尋找能成為創意的內容，所以開會以外的時間也很常寫筆記。比方說，我會在咖啡廳一邊讀雜誌，一邊將覺得有趣的內容記下來。尤其是《日經Business Associe》或《PRESIDENT》這類財經雜誌常會定期推出筆記本活用術的特輯，所以我都會從頭讀到尾，看看有沒有自己能應用的內容。在咖啡廳一邊讀雜誌，一邊把筆記整理到筆記本的時光真的很開心。

朋友告訴我很有趣的電影、漫畫或是書，我都會盡可能地找來讀看看，然後整理出有趣的內容。把現在正流行的事物了解一遍，也是寫企畫的時候很重要的一環。在整理筆記的時候，突然想到「那本漫畫的設定，好像能在智慧型手機的app企畫應用」，然後實際當成創意使用。

寫筆記的時間點也很重要。看電影或漫畫的時候，盡可能立刻把想到的事情寫進筆記本。在這些想法還熱騰騰的時候，盡快寫成筆記。有時會在看漫畫的時候，遇到影響自己價值觀的台詞。

在電車上讀書時，我偶爾會把筆記寫在書頁上。雖然覺得有點可惜，但讀的是資訊方面的書，或是提升自己的書，把筆記寫在書頁上的確比較有效率。坐電車的時候很難同時攤開書與筆記本，自然會採用這種方式寫筆記，也就會在包包裡面放能在坐電車的時候，一邊寫筆記一邊閱讀的書。只不過我還是很不想在漫畫的頁面寫筆記，所以真的看到覺得有趣的部分，就會用智慧型手機拍下來。以《死亡筆記本》這本漫畫來說，「如果真的有神，我也真的得到神的啟示，我還是會先想想，然後自己判斷這個啟示是否正確」的臺詞讓我很有感觸，所以我立刻拍成照片。

參加講座時，我也習慣一邊寫筆記，一邊聽講師的演講。我通常是為了學習新領域，或是了解新領域的最新資訊而參加講座，而寫筆記可以提高學習效果，也常可當成企畫的點子使用。

我們無法得知創意何時會蹦出來。腦袋放空地聽音樂的時候，跟朋友閒聊的時候，喝酒的時候，或是想換個心情，外出散步的時候，都有可能會遇見創意。某個人無心的一句話或是自己腦袋裡的某個抽屜，都有可能藏著創意的種籽。

為了想抓住這些種籽，才會在閒聊時、喝酒時、散步途中急著寫筆記。如果是連拿出筆記本的時間都嫌可惜的情況，那就使用智慧型手機。先在智慧型手機輸入筆記，之後再整理就好。

等到熟悉這個流程後，就能切換成「隨時都在想，有沒有什麼有趣的事情」的模式，等到自己的天線偵測到什麼，就能立刻寫成筆記。久而久之，就會越寫越熟練，也能找出最適合自己，最有效率的方法。

我很喜歡「思考有趣的企畫」，所以總是在尋找趣味創意的種籽。如果是那些想鑽研「業務話術」的人，可以把在咖啡廳或餐廳裡聽到的會話，在書裡、新聞裡看到的冷知識，或是網路上對某件商品的敘述寫成筆記。

手寫筆記的優點在於**可為資訊排名**，能在日後回顧時，立刻了解覺得有趣的部分。此外，在開會或參加講座時，也可以一邊寫，一邊吸收內容。用數位工具寫筆記的優點在於無法拿出筆記本的時候，可立刻用智慧型手機寫筆記，而且還能做出附照片的筆記。照片很適合用來紀錄需要拍張照片紀錄的重要資料，所以遇到「這個好讚！」的內容時，不妨就先拍下來吧。

視情況使用數位照片來做筆記

要在參觀展覽的時候作筆記的話，智慧型手機很能派上用場。邊走邊「啪嚓啪嚓」地拍，偶爾附註一些文字當紀錄，而這些筆記可利用Evernote這類筆記本工具管理。

集結業界最新訊息的就是展覽。出展者推出了哪些攤位，展示了哪些內容，又使用了哪些技術，從這些細節也能得到有利於工作的參考資料。這類展覽通常會有很多企業出展，所以要有效率地參觀，用智慧型手機拍照紀錄是最棒的方式，有時候還可以把現場發送的小冊子拍成照片，之後再整理需要的資料。

用照片做筆記非常方便。舉例來說，在街上看到有趣的招牌時，就可以拿出手機隨手拍張照片。為了避免產生「剛剛看到的招牌很趣味，早知道應該留個底……」這類後悔，不妨看到有趣的東西就拍下來吧。

除了招牌之外，我也會把心有所感的東西拍下來，比方說「被夕陽拉長的影子很有趣」、「大樓一定會有的『定礎石』（奠基石）有吸的很睛」或是「電腦的錯誤訊息畫面有種微妙的趣味感」這類東西，我都覺得拍成照片後，或許能當成工作的參考資料使用，但更重要的是發現自己「會為了這類東西、這類重點而感動」，換言之就是了解自己，而且事後回顧的時候也很有趣，可以在工作的空檔為自己充電。

Evernote這類工具能有效率地管理這類智慧型手機拍的照片。Evernote的優點在於可以插入照片或文字，就算只輸入幾個字的註解，之後也能當成關鍵字搜尋。

Evernote也有網頁擷取功能。看到有趣的新聞或是讓人恍然大悟的操作方式，抑或看到讓人佩服的冷知識，只要先整理起來，之後說不定就能當成參考。我在寫企畫的時候，常把這類新聞或冷知識當成「實例」使用，而為了不跟「創意」混在一起，我會把這些內容記在別處。

應該也有人是使用Evernote擷取新聞，例如興趣是收集國內外廣告，然後在部落格介紹特別有趣或特殊領域的廣告的人，就可以利用Evernote把有趣的新聞剪貼起來，之後也可以利用搜尋功能尋找相關的報導。如果是負責利基產品的業務員，除了主要的財經報紙或雜誌，也可以剪貼該領域的專業新聞網站的報導，充當與客戶聊天的話題。

簡單來說，數位工具的應用方式會隨著自己「產出」的內容而改變。以我而言，我很喜歡那些藏在日常生活裡的小創意，所以為了不讓新聞的筆記與靈光乍現的創意混在一起，我是以不同的資料夾來管理它們。

最應該將照片筆記與手寫筆記分開使用的場合就是旅行。旅行時會接觸到平常接觸不到的刺激，腦袋也有可能因此活化，所以常常能想到很棒的創意。

許多人都會在旅行的時候，用智慧型手機拍下眼前的事物吧。前幾天，我去了一趟因地震造成莫大損害的九州熊本。被震垮的熊本城與阿蘇神社述說著地震的淒厲，所以用照片紀錄這一切是件很有意義的事。此外，我也有跟來自遠方的義工聊天，也有去看倒塌的老房子，從中感受到的一切就很適合寫在筆記本裡。明明在旅行，卻還在整理筆記這點或許是有點浪費時間，但其實也只需要早上起床後，花個十五分鐘整理而已，所以我還是建議大家整理筆記。如果等到旅行結束後的一週再整理，當時的感受就不再新鮮，也會覺得整理是件麻煩的事情。

由於我常收集能寫成企畫的趣味創意，所以旅行的時候，也總是不自覺地用這種觀點觀察事物。之前去京都的時候，我看到寫著「這麼做會遭天罰喲」的海報，當下有種趣味感在心裡騷動，所以在筆記本裡留下「會遭到天罰的海報，有趣！」的筆記，之後就想到「在這個場所丟垃圾的人絕對會遭到天罰」的懸賞海報的創意。要是跟平常一樣，把海報作成「可以抽中國外旅行！」的感覺，應該會被罵吧，但我還真的想做張這樣的海報，然後問廟方要不要採用看看。

在另一趟旅行裡，正準備在觀光巴士上吃便當的時候，我用手指撥了一下綁在便當蓋上面的橡皮筋，結果發出「崩～～」的聲音。這不過是旅行時，再平凡不過的小插曲，但是這聲音實在好聽，讓我想到「用橡皮筋彈奏的三味線便當」這種便當。綁三條橡皮筋，然後當成三味線彈奏的便當。如果有機會接到宣傳青森縣的工作，我一定會提出這個三味線便當的企畫，因為津輕三味線可是很有名的。

☆三味線便當

在便當蓋上面多綁幾條橡皮筋，說不定就能做出能當成三味線彈奏的便當

寫企畫之前，先把點子準備好

我的工作是在網路或智慧型手機這類舞臺製作數位內容，既然要做，當然希望做出讓更多人覺得有趣或是能引起話題的內容。

能造成話題的內容不一定源自「奇特的創意」，所以我也不曾為了寫企畫而苦心積慮地尋找奇特的創意。老實說，我覺得「那些讓人恍然大悟，平常卻很難注意到的事情」裡，常常藏著許多點子。

舉例來說，我曾作過「會說話的名片」(http://tsutsumi.nezihiko.com/)。這是為了iOS app開發者堤修一先生製作的名片。

這個企畫的起源是從發現蘋果的智慧型手機「iPhone 5S」的螢幕與紙張的名片幾乎同等大小開始。注意到這件事的我在筆記本裡寫下「把名片放在iPhone 5S上面，兩者的大

「會說話的名片」源自名片的大小與iPhone 5S的螢幕差不多大的創意。把名片放在螢幕上還是可以點擊操作。

小幾乎相同」這個筆記。等到有機會為堤修一先生製作名片時，就讓這個筆記膨脹成創意。

在堤先生的名片裡，「堤」的「日」挖成正方形的洞，而這個洞的大小與app的圖示大小完全相同。「會說話的名片」app的圖示是正中央只有一條橫線的設計。換言之，將有正方形的洞的名片放在iPhone 5S上面，就能組成「堤修一」這個名字。

另一個「從厚紙上面也能點擊iPhone螢幕」的構想也成為這項作品的創意。放上名片之後啟動app，堤先生的表情插圖就會出現在正方形的洞。在這個狀態下點選名片的任何一處，小小的堤先生就會說出對應的資訊，例如點選「土」，就會說：「這是部首的土喲」。

名片就像是擁有者的分身，只要從堤先生手中收到這張名片，之後只要啟動app，就能與堤先生的分身見面，而且堤先生本來就是iOS app的開發者，所以這張名片也能完美地提醒「堤先生就是從事app開發工作的人喲」這件事。

這個「會說話的名片」於二〇一四年「Yahoo！創意大獎」的一般獎項得到金獎。

接著再為大家介紹另一個例子。這是我在「面白法人KAYAC」公司服務的時候，著手規劃的「盡情瀏覽社長島耕作的智慧型手機！」的活動網站。

「島耕作」這部漫畫是從一九八三年開始的人氣系列，主要是講述在大型電器製造商擔任課長的主角歷經社內派閥鬥爭、開拓市場的情節，以及與不同女性邂逅之後，在進入公司第三十年成為社長的故事。為了宣傳島耕作系列與日經新聞電子版共同合作的「島耕作日經新聞」app，遂製作了這個活動網站。

一利用智慧型手機瀏覽這個網站，就會陷入自己正在操作島耕作的智慧型手機的感覺。活生生地與女性進行簡訊往返，行程表、照片資料夾，在這類細節有所堅持的結果，就是讓看這部漫畫長大的人有共鳴，也讓更年輕的世代也覺得有趣。

這個企畫源自「如果能瀏覽島耕作的Google月曆會有什麼感想」的筆記。回過神來，自己居然成為社長，那應該很忙吧。而且還是很受女性歡迎，所以飯局也很多吧。如果能把漫畫角色的行動做成行程表，一定是件有趣的事。

等到真有機會製作活動網站時，我想到的是除了行程表之外，也讓整支手機的內容攤在讀者面前，那一定會更有趣，最後就做出這樣的活動網站。

這個「盡情瀏覽社長島耕作的智慧型手機！」網站曾獲得二〇一三年度的「Yahoo！創

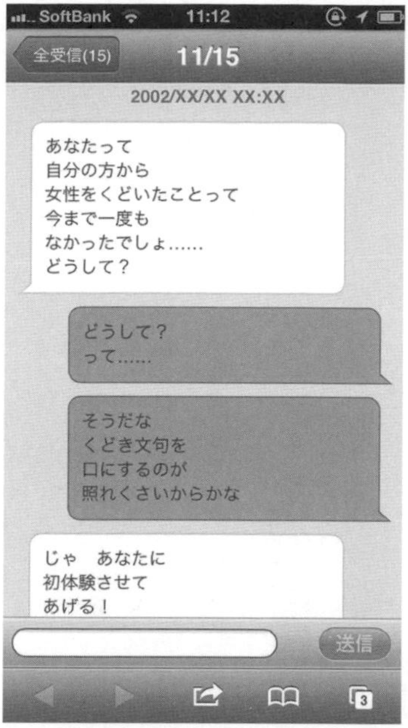

「盡情瀏覽社長島耕作的智慧型手機！」源自「島耕作的Google月曆」這個筆記。

意大獎」智慧型裝置廣告、活動獎項的銀獎。

剛剛介紹的兩個實例的共通之處在於，在著手製作內容之前，能當成參考資料的筆記早已寫在筆記本裡這點。我也會在開會的時候提出各種點子，讓企畫不斷昇華，但是先在自己的腦袋裡存一些「創意的種籽」是非常重要的。雖然有人可以在毫無準備的情況下，當場提出很多有趣的創意，但那畢竟是少數，大部分的人都做不到這點，不過，只要善用筆記本與勤寫筆記，還是可以讓自己成為創意大師。

腦袋排毒！每天早上搬出一些腦袋裡的東西來當筆記

到目前為止談了不少工作上應用筆記本的方法，但是工作與私生活之間沒辦法如此劃清界線，所以能於工作應用的筆記術也同樣能於私生活應用，而且利用筆記述解決私生活的問題，有時也能對工作帶來良好的影響。

我習慣每天早上上班前，在咖啡廳一邊喝咖啡，一邊攤開筆記本寫筆記，我把這個習慣稱為**早晨筆記**。

這時候寫的內容很不固定，也很雜亂，有的是前一天發生的事，有的則是最近的煩惱，也可能是前陣子還沒整理感想的心得，總之我會先試著從腦袋裡搬出這些事情，也就是讓腦袋排毒的感覺。

不管這些事情跟工作有沒有關係，只要那天早上還留在腦袋裡或是還沒整理成筆記的事情，都會整理成早晨筆記。有時候會因此發現忽略的工作或是記憶模糊的創意，然後整理到筆記本裡。

下定決心讓早晨筆記這件事**公私不分**是很有效果的。以搬家的日期越逼遙近的情況為例，搬家要處理的事情可是多如牛毛，例如要與不動產公司簽約，要辦妥電費、瓦斯費、水費的事情，這些事情雖然都不是工作，都是個人的私事，但隨著搬家的日期接近，盤據在腦袋裡的比例就越來越高。如果不能妥善地掌握這些重要的私事，就有可能拖到工作，造成不良影響。

此外這段早晨的咖啡時間可用來思考與工作無關，但很在意的事情。舉例來說，庵野秀明先生擔任總導演的電影《正宗哥吉拉》很受好評，我去看了之後，整個人大受震憾，腦袋完全無法思考別的事情，所以我想把所有的感想塞到筆記本裡。除了看完電影後，立刻整理感想之外，我也花時間把讀完筆記的人的感想與影評，整理成早晨筆記。

此外，若是迷上應用定位資訊的遊戲《精靈寶可夢GO》（Pokémon GO）的時候，不妨攤開筆記本，在裡面擬定屬於自己的遊戲攻略。明明整個腦袋都在想這個遊戲，卻硬是跟自己說「寶可夢跟工作一點關係也沒有」，然後不在筆記本寫任何內容，反而是不健康的。如果筆記本完全不寫自己著迷的事情，筆記量可能就會比平常還要少。

早晨筆記的特徵在於能了解腦袋的現況。建議大家定期進行早晨筆記，如果每天早上做太難，不妨改成三天一次或是一週一次。

如果以「公私不分」的方式寫筆記，就能想出「哥吉拉也迷寶可夢的話，日本的觀光勝地大概會全毀」或「做一個介紹歷代哥吉拉破壞的日本房子的房仲網站」的創意。早晨的思緒比較清楚，所以也是想出寶貴點子的好時機。

此外，在每年年初或每年度的開始時，不妨想想「今年的目標」，然後整理成筆記。在如此繁忙的世道之下，每天都被案子追著跑，要想訂一個長程的目標的確越來越難，但還是可以趁著這個時間點反省一下，仔細想想要把接下來的一年打造成什麼樣。不過，不要只寫「今年想這樣過」，而是要把**筆記本寫下達成目標的流程**。可試著把每天的課題列成條列式的內容，或者是拿出寫了去年目標的筆記本，檢查哪些目標達成，哪些目標沒達成。經過這道流程後，不管是工作還是私生活，應該都能訂出內容更為具體的目標。

若說公私不分有什麼好處的話，我想應該就是「樂趣」吧。只與工作有關的筆記本一點都不有趣。舉例來說，我有個五歲的兒子，某天他在我的筆記本裡面塗鴉，在這本寫滿工作的筆記本看到兒子的塗鴉，讓我心情變得非常和緩，也變得更輕鬆，甚至覺得工作的生產力更為提升。

積極地公私不分，可寫出「回顧時，很有趣的筆記本」，可以在筆記本裡貼幾張貓的照片，或是畫幾個喜歡的卡通人物，也可以畫一些不打算給任何人看的四格漫畫。

若能做出回顧時很有趣的筆記本，自然而然從中了解自己「喜歡的東西」自己的喜好能對產出的創意造成影響，是一件非常棒的事情，因為那就是你的風格，以我的工作而言，聽到朋友跟我說：「就算不看作者是誰，我也知道這個企畫是佐藤ねじ你做的」，這實在讓人很開心。能創造屬於自己的**色彩**，是讓別人覺得「可以把工作交付給這個人」的第一步。

要讓作品帶有自我色彩的第一筆，就是在筆記本放入自己喜歡的元素，即便只是某部漫的某句關鍵台詞，就試著把這些內容寫進筆記本吧。

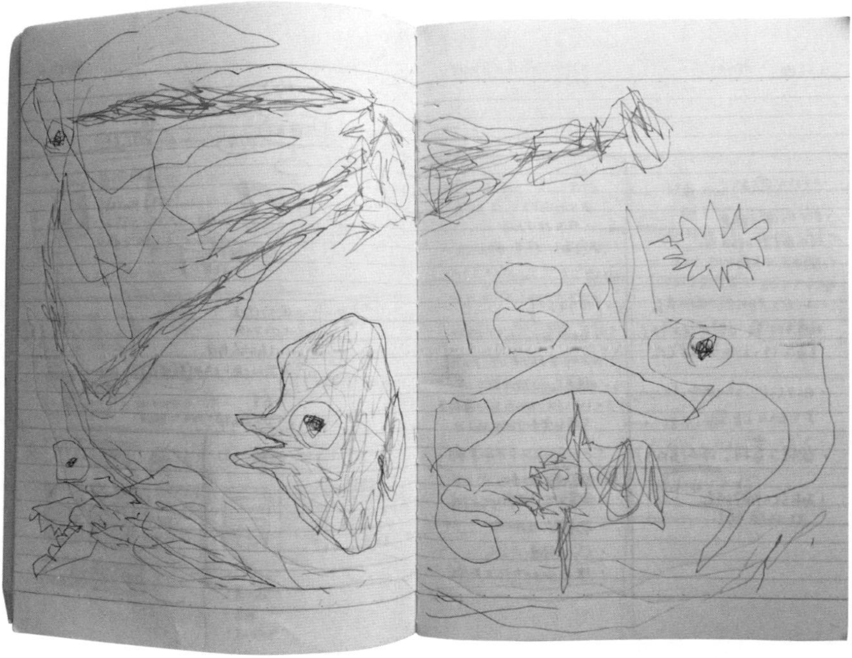

兒子在筆記本裡塗鴉。不過在工作空檔的時候看到這個，反而讓生產力提升。

先大量收集尚未具體成形的創意種籽

我每天都會把筆記整理到二軍筆記本。即使不是特別有趣的筆記，我總覺得寧濫無缺，所以只要是稍微有點興趣的筆記，我就會寫在這本二軍筆記本裡。取「二軍」這個名字的用意在於降低在這本筆記本寫筆記時的門檻。

這本二軍筆記本可說是專為收集創意種籽所設計。我習慣利用筆記本寫出有趣的企畫，所以對我來說，二軍筆記本就是「創意種籽」，對於想磨練業務話術的人而言，就是「話術種籽」，對於設計師來說，有可能就是「設計種籽」。

我覺得種籽應該多多益善，所以只要有空，就會攤開筆記本，把想到的東西寫在裡面。為什麼種籽該多多益善呢？因為種籽得經過澆水與細心地照料才能開花，但不是每一顆種籽都能開出盛大的花朵。以我的職場而言，或許真的有天才能拿出創意種籽開的花，瞬間完成企畫，但像我這種只懂腳踏實地的人，就必須先四處碰壁，不斷嘗試各種創意的種籽，最後從中找到值得投入的一顆種籽，然後再讓種籽開花。

對只懂得腳踏實地的人而言，積累大量的種籽是成功的不二法門，所以每天孜孜不倦地將筆記整理到筆記本是件很重要的事。

種籽若一直是種籽，沒有人能知道它將開出什麼樣的花，說不定連會不會發芽都不得而知，但唯一知道的是，只有在細心地澆水與照料之後，種籽才會成長。

話說，該如何照顧種籽與澆水呢？第一步是先拿出筆記本回顧，也就是執行「這個筆記說不定能昇華成有趣的創意」這個**複習**的步驟。有時候可試著「翻動」這類種籽，試著利用創意發想的手法，看看這類種籽能不能茁壯為創意。如果萌生「好極了，說不定可行」的想法，就把這個創意寫到**一軍筆記本**裡。

我會在腦力激盪會議使用這本一軍筆記本。腦力激盪是亞歷克斯F奧斯本（Alex Faickney Osborn）想出的方法，指的是眾人一同提出創意，讓彼此的想法得以延伸的方法。一軍筆記本雖然記載了很多精選的創意，但多數是彼此無關的，所以邊翻閱邊進行腦力激盪的話，常常可以找到看似平凡卻足堪應用的創意。

想必大家已經知道，製作一本載滿大量趣味創意的一軍筆記本，對我的工作有多麼重要了。種籽的數量也的確與一軍筆記本的品質有關。

這可是除了寫企畫之外，還能於其他事物應用的法則。要提升產出的品質，就應該增加二軍筆記本裡的種籽，而為了達成這個目的，就得建立一種專屬自己，而且毫不費力的筆記術。只是能學習把筆記寫得迅速俐落，產出的品質也應該會跟著提升。

話說回來，「種籽」的形狀並非那麼簡單明瞭，有的種籽很模糊，一不小心就會被忽略或忘記，所以才需要立刻記在筆記本裡。

例如在麥當勞聽到鄰座的對話。如果在場的所有人因為某段對話而噗嗤一笑，我們就應該立刻覺得「喔，這段對話很有用」才對，但是這種漫畫般的情節很少在真實生活中上演，而且就算真的是有趣的對話，也不一定真的對工作有幫助。

我也常遇到當下沒能會意過來，事後才覺得「啊，那個內容應該有用」的情況。在麥當勞聽到女高中生討論使用社群網站的方法，有可能當下只有「這樣啊～」的感想，但是，若在之後接到「希望打造一個能在女高中生之中引起話題的網頁活動」的案子，當時聽到的內容就很有可能大大派上用場。在不同的時間與環境之下複習筆記，那些原本看似毫無關聯的內容也有可能變得很關鍵。

種籽就是當下不知道有多重要，看起來很混沌不明的東西，所以才要**盡可能把牽動心中某個角落的事物寫成筆記**，因為之後說不定能因此產生莫大的落差。

第3章

打造滿滿創意種籽的一軍筆記本

因為沒有人會複習，所以筆記本才藏著提示

應該很少人會複習為了工作而寫的筆記。根據開會時寫的筆記確認「TO DO」或是製作會議紀錄的情況雖然會有，但除此之外，應該很少人會複習才對。

或許大家會覺得，在忙碌的每一天裡，特別花時間複習筆記是件「浪費時間」或是「沒效率」的事情，或許會覺得光是要提升工作的節奏就已經很拼命了，怎麼可能會有多餘的時間複習自己寫的筆記，也可能會覺得這樣使用時間反而是一種浪費。

不過呢，如果其他人都沒這樣複習，這麼做或許可與別人拉開差距。我之前覺得複習自己的筆記可提升產出的品質，而在反覆實驗與失敗之後，總算找到屬於自己的筆記術。

只是尋常地複習筆記的確是在浪費時間。光是翻閱寫得很雜亂的筆記就得花費不少時間，一味地想整理出有用的資訊，恐怕也是效果不彰，所以還是得抱著某種「目的」複習

才行。

第2章介紹了筆記的編排方式，也介紹了用有顏色的原子筆在筆記旁邊做記號，方便之後複習的方法。只要花點心思這麼做，複習就會變得很輕鬆。之後再把能用在工作上的筆記整理到另一本的筆記本，這一整套流程就是我的筆記術的重點。

我把新增的筆記本稱為**一軍筆記本**。這個名稱是從博報堂kettle嶋浩一郎寫的書得到的啟發。

只不過，這不代表知道怎麼製作這本筆記本。這本筆記本是在歷經各種辛苦，遲遲無法找出方法製作之下，最後才想出來的。

筆記這回事不能只是單純地寫，必須一直想著從筆記得到一些回饋而寫。我從進入社會工作之後就一直這麼想這麼做，但是每天的工作很忙，很難找出時間複習，所以只能趁著六日複習筆記，再整理整理筆記。

我每天都過著被案子追著跑，忙到不行的生活。每天都為了產出的品質能否讓企畫爆紅而煩惱。也曾經焦慮地覺得「該不會在我花時間複習筆記的時候，那些創意天才早就想出爆紅的企畫了吧……」

於是，就在某個時間點，我因為工作過度而住院了。不過，那次的住院對我來說，是危機也是轉機。

因為拜住院之賜，我有足夠的時間複習寫著日常生活筆記的二軍筆記本，也有時間將那些「這個想法隨時都能用在企畫」的筆記整理到一軍筆記本。挑選的標準在於「能否想像產出的結果」。挑選標準變得明確這點是意義非凡的。

長期以來，我都從事製作數位內容的工作。只要客戶提出需求，我就會提出對應的企畫，問客戶「您覺得這樣的企畫如何」。對於企畫的想像能否成形，端看有沒有相關的創意寫在一軍筆記本裡。所以，業務員若想製作一本磨練促銷話術的一軍筆記本，可試著以「自己的話術能否說進客戶心坎裡」為判斷標準。

我也將一軍筆記本定為「想一讀再讀的內容」。

我想將一軍筆記本打造成一本會讓我變得很雀躍，對我來說是個寶物的筆記本。能寫在這本筆記本裡的筆記，絕對都是萬中選一的內容，如此一來，挑選基準也變得更加明確。

具體到底該怎麼做？我的一軍筆記本是比二軍筆記本更高級一點，尺寸更小一點的

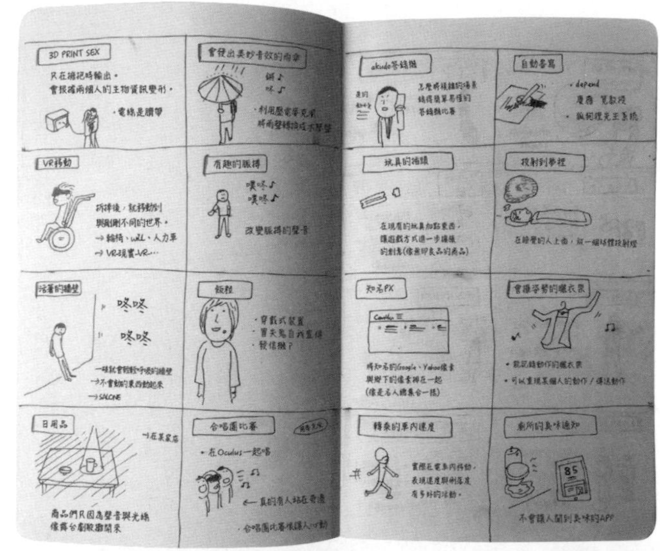

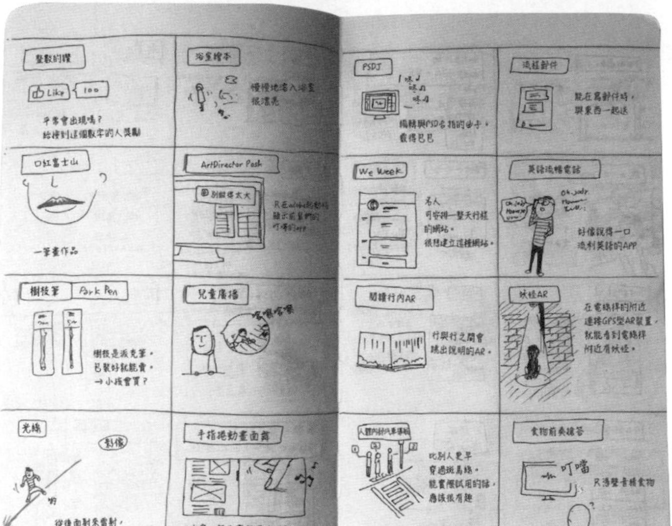

讓寫滿「精選創意」的「一單筆記本」繼續採用相同的格式

MOLESKINE。光是拿在手上就讓人很開心。

而且我一定會在筆記旁邊畫上插圖，以便一眼就看懂。這就是所謂的**視覺筆記**。這是因為我在提企畫的時候，也很常使用手繪的插圖，所以才把筆記寫成能想像成品的格式。自己翻閱的時候覺得有趣，開會時拿給別人看也很有炒熱氣氛的效果。博報堂kettle的嶋先生好像是把一軍筆記本整理成條列式的內容，可見每個人都有自己寫筆記的風格吧。

確立一軍筆記本的撰寫風格之後，我發現了某件事。那就是我很少再將二軍筆記本的內容直接謄寫到一軍筆記本，二軍筆記本的內容變成種籽，而在經過適當的聯想之後，這些種籽變成前所未有的創意。這就是讓企畫變得新奇有趣的祕訣。有關這個祕訣的細節就留待後續詳述吧。

紙本的最大優點在於放在手中的存在感

在有各種方便的數位工具可使用的現代，使用紙本的筆記本到底有何意義呢？

舉凡電腦、平板電腦或智慧型手機，都有許多有用的軟體與app，也能統一管理這些裝置裡的資料。由於可從雲端快速讀取需要的資料，所以能以紙本所沒有的效率使用這些資料。

舉例來說，開會時利用電腦寫筆記，就能立刻做出會議紀錄。不知道大家是否有過在開會長達兩小時之後，某位與會人員以電子郵件的方式，將電腦製作的會議記錄傳送給大家呢？只要能做出這類會議紀錄，就能鉅細靡遺地記錄討論的內容，也不會忘了該做的事情，導致專案無法繼續推動。

利用智慧型手機存取Evernote的程式，就能隨時取得累積的筆記。不管是正在開會，在跟朋友聊天或是在搭電車，只要想到「那件事現在發展到什麼地步了？」就能立刻搜尋相關的資料。

在這麼多方便的工具之中，紙本的筆記本的最大優點應該就是「放在手中的存在感」，也就是可以隨時放在包包裡，有時間就能拿出來翻閱的筆記本。對我來說，筆記本簡直像是護身符，雖然這麼說有點誇張，但只要長期使用筆記本，大家應該就能了解我對筆記本有多麼感謝。我一點也不會想重覆閱讀數位工具製作的筆記。

製作專屬自己的一軍筆記本的流程也有所謂的**學習效果**。雖然二軍筆記本寫的只是當場想到的東西，但一軍筆記本卻是在消化二軍筆記本的內容之後，覺得「這個內容可以寫到一軍筆記本」才寫，而在寫的過程中，寫的內容也會裝進腦袋裡。

此外，重覆閱讀一軍筆記本，可讓我們記住一軍筆記本裡面的內容，所以就算有客戶要求「請在明天之前提出企畫」，也能立刻想起「一軍筆記本內的那個點子好像可以派上用場……」。我有空就翻閱一軍筆記本，然後想到某個點子能在企畫裡使用的情況，已經出現過很多次。

其實每個人在學校讀書時，都曾使用過這種筆記術。大家是否有過，為了準備考試，而自己製作紀錄英文單字或歷史年號的筆記本？市面上有很多整理英文單字或歷史年號的參考書，但是，自己動手製作這類筆記本，才能為自己製作出**量身打造**的筆記本。「自己總是會搞錯的內容」、「一定得記熟的內容」，將重點放在這類內容，就能擬訂專屬自己的考試攻略術，而且製作筆記本的流程還能提升學習效果。

這代表為了應付考試而做的筆記本也能在工作上應用，大家是不是也想到該做出什麼樣的一軍筆記本了呢？

走進書店，架上有許多職場相關的書。職場相關的書通常都是作家根據自己的經驗寫成，大部分的內容都可能作為讀者們在工作上的參考。換言之，這類職場書籍(包含本書)與應付考試的學習用書扮演著相同的角色。相較之下，一軍筆記本屬於專為自己設計的筆記本，可自行編排「這個部分一定得記熟的內容」。

從二軍筆記本五花八門的筆記裡萃取出精華，製作出有利於工作的一軍筆記本。反覆翻閱這本一軍筆記本，一定能締造出更輝煌的成果。

不過，講到這裡，會發現一個問題。那就是，為自己的工作將「這部分一定要記熟」的內容整理成一軍筆記本時，該不該根據自己所寫的筆記整理，因為也可以買一堆職場書籍，然後從中挑出覺得重要的部分，再整理成一軍筆記本。若以準備考試來比喻，很像是根據買來的參考書做筆記，而不是整理自己上課抄的筆記。

若是準備學習新的程式語言的程式設計師，有可能會一邊閱讀該語言的參考書，一邊將重點整理在筆記本裡。「要跟義大利的公司做生意，所以想學習義大利語」、「沒有學過行銷的話，就讀這本書」的時候，也能使用相同的筆記術。

不過，這種「學習」只在當下有用，說得清楚一點，就是臨時性的知識。要想長期地提升自己的產出品質。就應該將重點放在「自我風格」。了解自己的思考邏輯與喜好之後，就能掌握「朝這個方向走，就能做出好東西」的祕訣。若要如此了解自己的話，還是得從親手撰寫筆記這點出發。

讓眾人佩服的魅力！發掘那些「理所當然」的事，並且顛覆它

「原來○○是這樣的東西啊」，若能顛覆這類成見，人們就會感到驚訝與佩服，而且會想分享給其他人。

例如我的作品「Receipt Letter」就是顛覆了發票不過是列出購買商品明細的成見，許多人都沒發覺發票「原來可以是一封信」，所以這個作品才能打入人們的心坎裡，而且連續劇明明常出現「從發票察覺外遇」這種情節，沒想到發票居然能化身為「向老婆獻上感謝的一封信」，更是一次顛覆了兩種成見。

如果能做出顛覆人們成見的作品，並且透過社群網站擴散，就能一口氣達成宣傳效果。不過，要做出這類內容，就必須先察覺「原來○○是這樣的東西啊」的成見，這點可是很不容易的，因為人們很難察覺那些一直以來都理所當然的事物。

我對那些看似理所當然的事物特別感興趣，因為這些事物之中藏著爆紅企畫的新芽，所以我總是一邊回顧自己的筆記，一邊注意有沒有藏著「原來○○是這樣的東西啊」的內容。

舉例來說，製作電影相關的內容時，不妨以顛覆電影常識的手法製作。接下來就為大家介紹實際的例子。

我還在「面白法人KAYAC」服務的時候，曾經開發了「貞子３Ｄ２ 智慧型手機４Ｄ官方app」。只要在觀賞《貞子３Ｄ２》這部電影之前，先於智慧型手機啟動這個app，就能得到全新的觀賞體驗。

這個app也能在家裡看ＤＶＤ或藍光影片的時候使用，所以想體驗一下這個app的人，看了後續的說明後，對這個app的興趣可能會大減，這點還請大家多多注意。

事先啟動這個「智慧型手機４Ｄ」的app之後，在觀賞時，這個app會對電影的音效有所反應，接著讓智慧型手機產生各種現象。舉例來說，電影裡的人物接到電話時，你的智慧型手機也會有電話打來，然後聽到原本聽不到的電影人物正在說話的聲音。此外，在驚悚的場面時，看到智慧型手機顯示大叫的指示後大叫，閃光燈就會亮起來。若是大家在電

「貞子3D2智慧型手機4D官方app」是一套可一邊觀賞電影，一邊體驗智慧型手機的app。電影的內容會與app互動，產生各種可怕的效果。電影結束後，日期轉換時刻，「那個人」居然還會打電話來……。

影院裡面大叫，真的會讓人覺得很驚恐，而且還會發生智慧型手機的聯絡人或用相機拍攝的照片被莫名刪除的奇怪現象（當然不會真的刪除）。

最厲害的就是在看完電影的很久之後，還會發生一個可怕的現象。那就是過了凌晨12點，日期轉變的瞬間，「貞子」會打來電話。最恐怖的就是按下來電畫面的「拒接」鈕，也無法**拒接**。有人在推特提到實際體驗這個現象的女高中生驚恐地跟媽媽說：「媽媽怎麼辦，貞子打來電話了！」也因此搞得全家雞犬不寧。

這個企畫的重點在於顛覆「電影是播放兩個小時之後就結束」的成見。因為這個想法非常理所當然，若換成平常，根本不會有人覺得有問題。所以在日期轉換之後，貞子打電話來的時候，才會被「那部電影居然還沒結束」嚇到，而且這很像是怨念很重的貞子會做的事，所以更會引起話題。

這類例子還有很多。某天我發現繪本是由「圖案」與「文字」組成這件事。大部分的人都覺得「這不是廢話嗎？」但就在注意到這件事之後，我做出「路上繪本」這個作品(http://street-book.nezihiko.com/)

察覺繪本是由「圖案」與「文字」組成的這件事是在讀繪本給自己的小孩聽的時候。只

「路上繪本」是利用小型投影機將文字投影在各種物體上，將整條街變成繪本的作品。平常與孩子一起散步的街道也快速變身為繪本。

要圖案上面有文字，對小孩來說，那就是繪本。故事情節可以自己編。所以，如果利用小型投影機投射文字，就能讓街上的每一處風景變成繪本。我根據這個想法製作了這個作品。

與小孩散步時，光是將文字投射在郵筒、行道樹或是人孔蓋之後，就能讓新的故事展開。「到達郵筒車站囉～」、「爬到樹上囉～」，可利用智慧型手機輸入這些文字再投射。

小型投影機是放在以繪本為外型的盒子裡。這純粹只是一項作品，我沒想過要把它做成商品，但是，將來若能開發出筆型投影機，或許會變得更方便攜帶。

這節介紹的「顛覆成見」可說是能於各種領域應用的企畫技巧。

「舊筆記」也可能藏有爆紅的種籽

什麼該放入一軍筆記本，什麼不該放入一軍筆記本？建立這項判斷基準是非常重要的，若是不先確立判斷基準，就得花很多時間回顧二軍筆記本，也無法提升產出的品質。

放入一軍筆記本的筆記一定得是「能具體想像產出結果的內容」。以我的情況來說，就是能否於自己的企畫應用。如果能具體想像這個點子會如何融入企畫書，這個點子就算合格。

我的一軍筆記本都是以「插圖加註解」的格式整理，有插圖的話，拿給別人看的時候，別人也能立刻想像結果。

若是以更直覺的方式來說，能不能放入一軍筆記本端看自己能否因為這個內容而「怦然心動」。這句話是從暢銷書籍《怦然心動的人生整理魔法》（方智出版）的作者近藤麻理惠借來的，近藤小姐認為在「整理收納」時，東西到底要丟還是不要丟，取決於「把這個東西拿在手上時，會不會有怦然心動」的感覺。同樣的，一軍筆記本也只需要留下會讓自己怦然心動的內容。

老實說，會不會怦然心動跟心情有關。有時候回顧三年前的二軍筆記本會發現一些令人驚豔的內容，會讓我想放入一軍筆記本裡，其中一項從舊筆記挖出創意，進而具體做出的作品就是「Receipt Letter」。所以，就算是早期的二軍筆記本或是已經回顧過的二軍筆記本，若能好好保存，說不定哪天還會派上用場，這也讓我覺得很不可思議。

舉例來說，我曾在一軍筆記本留下「與剛出生的孩子一樣重量的繪本」這個創意。我記得那是我的孩子剛出生時的事情。不管經過幾年，這個創意還是很閃爍，我也一直很想在某一天讓這個創意變成具體的作品。反觀「能吃的繪本」這個創意就沒被我放進一軍筆記本，理由大概是因為「要做這種繪本應該會很麻煩吧」，不過廚藝高超的人應該不會這麼覺得……。

會做出什麼樣的一軍筆記本，全看個人。我習慣以插圖整理「能用於企畫的點子」，但博報堂kettle的嶋浩一郎先生卻習慣將有趣的題目條列後整理在一軍筆記本裡。業務員有可能會把「能拿下客戶的經典名言」整理在一軍筆記本裡，而在寫有關「名言」的書的人，則有可能在看完體育選手、企業家、藝人在報紙、雜誌或電視的採訪之後，做一本「名言筆記本」。

到底想產出什麼？該怎麼做，才能做出讓你想不斷回顧的筆記本？你可以根據這兩個重點決定一軍筆記本的格式。重要的是，一定要維持「相同的格式」。

我的一軍筆記本是白底的MOLESKINE筆記本，我會把每一頁分成八等分，然後用原子筆在每一格撰寫有插圖的筆記。由於我一直採用這個版面，所以就做出每一頁有八個創意的筆記本。

每一頁的編排若都不同，之後就很難回顧。若是版面的編排維持一致，就能做出讓人想翻閱的一軍筆記本。

改變「產出」的定義，增加自己的機會

要將二軍筆記本的哪些內容放入一軍筆記本的判斷基準就是「能否具體想像產出」。但這裡要問題是，到底什麼是產出？如果說是想利用筆記本產出的東西，在多數的情況下，都是職場上的成品吧。我長期以來從事企畫數位內容的工作。常有客戶拜託：「能否幫忙製作宣傳商品或服務的內容」。現今這個世界已到處都是內容，要企畫能脫穎而出，又能引起口碑行銷的內容還真的是折煞人的工作。

正因為如此，我才把「似乎能讓人忍不住談論的創意」收集到一軍筆記本裡。我覺得這個是非常明確的基準，只不過，若是將產出限縮到「客戶拜託的案件」，能寫在一軍筆記本裡的內容就極為有限。回顧二軍筆記本的時候常遇到「這個點子絕對很有趣，但是客戶應該不會說OK」的情況。

許多人應該都想過「在現在的工作無法做到，但如果能實現的話，一定會很有趣的創意」，也有人在煩惱「要實現這個創意，就得辭職吧」之後，就真的跳槽或創業。這種讓人雀躍不已的內容就該寫在一軍筆記本裡，因為只有這樣的筆記本，才會讓自己想一讀再讀。

所以我建議大家放寬「產出」的**定義**，調降產出的門檻。不要把範圍限縮在工作上的成果，而是將自己覺得有趣，或是有興趣的「事物」放入一軍筆記本。私人的部落格、公司內部的電子報，社群網站、跟朋友的閒聊，這些都是產出筆記內容的機會。

試著在部落格、電子報或社群網站公開筆記產出的內容，雖然與製作最終的內容不同，卻可以趁這個機會觀察群眾對這個創意的反應。「想到很有趣的事情啊」、「這個實現的話一定很厲害啊」的反應是非常重要的，因為這些都是群眾對這個創意的回饋，能判斷往哪個方向走會受歡迎，哪些東西不會被接納。「自己雖然沒發現，沒想到我這個想法還真有趣啊」、「咦？我明明對這個點子很有自信的，怎麼反應不怎麼熱烈……」累積這些回饋對於建立「這類點子的話，我絕不會輸別人」的**自我風格**是很有幫助的。

如果只為客戶的案件產出內容，那麼「站上打擊區的次數」就會變得非常少。初出茅蘆的時候，一年只能接到幾個案件，其他都是幫前輩的忙，不然就是打雜。若是一年只有幾次產出內容的機會，能得到回饋的機會就少之又少，當然就無法了解自己的哪些想法是有趣的，也不會知道自己有什麼盲點、不足，也不會知道自己在哪個部分著墨過多。

若能在公司內部的電子報或部落格一週至少產出一次內容，一年就能有超過五十次向外發表創意的機會。如果一天在社群網路貼文一次，一年就能發表三百六十五個小型的內容產出。當然，也可能會遇到毫無反應的情況，不過，透過公司內部電子報發表的創意若是能被其他部門的前輩注意到，說不定會收到「這個創意很有趣耶，下次試著跟客戶提案吧」的信。在部落格寫的文章不知不覺地散播之後，說不定會接到「這篇文章的內容能否在廣告應用」的聯絡。

增加產出的次數也能提升成品的品質。該怎麼依照主題想出創意，該使用哪些視覺效果才好，該怎麼做才讓使用者願意參與活動，就算不是為了客戶的案件，這些琢磨細節的經驗也會累積下來。

我常製作與工作無關的個人作品，之前介紹的「Receipt Letter」、「SOUND OF TAPBOARD」、「路上繪本」都是其中之一。這類作品純粹是自己想做的事情，也是想追求自我表現的結果。此後，這些作品成為代表我的名片之外，也曾因此從接到客戶聯絡的案件，也聽過其他的創意人員說：「想跟你一起工作」。

除了製作內容的工作，增加產出的機會有很多好處。如果是業務員，可在部門會議時提出「我的話，會這樣推銷新商品」的業務話術，而且還能跟上司或前輩練習話術。如果是熱愛國外廣告的狂熱份子，除了收集廣告之外，也可以在部落格產出屬於自己的內容。若是被某個領域的專家注意到，就有可能接到新的工作。

鈴木一郎之所以能量產安打，也是因為他常擔任第一棒，站上打擊區的機會比別人多得多。增加站上打擊區的次數，不斷地實驗與失敗，就能慢慢掌握住安打與全壘打的技巧。

讓二軍筆記本內的種籽昇華至一軍筆記本

直接把二軍筆記本的內容謄寫到一軍筆記本的情況其實少之又少。工作上的討論、看電影的心得、街角的招牌，在這些東西之中，讓我心有所感的東西會成為「種籽」，昇華為最後的產出成果。不過，種籽終究只是種籽，是曖昧不明的，大部分都無法直接收錄在一軍筆記本裡。

那麼，該怎麼做才對？答案是讓**種籽昇華**。

舉例來說，有次我在筆記本裡面寫下「第一神拳的青木看旁邊」。這是在拳擊漫畫《第一神拳》登場的拳擊手青木的絕招，顧名思義，就是真的往旁邊看的意思。青木在比賽之際突然莫名地「看旁邊」，惹得對手也不知不覺地跟著「看旁邊」，青木再趁機予以對手重拳，這可說是非常卑鄙的絕招，而且這招在這部漫畫的粉絲之間很有名，只要在網路搜尋「第一神拳 青木」，後面就會跟著顯示「看旁邊」的搜尋提示（請務必搜尋看看）。

事後回顧這個筆記的我直覺地認為「這個說不定能變得很有趣」，所以試著在二軍筆記本裡讓這個創意昇華。

首先我在二軍筆記本裡寫下：「能使用第一神拳青木的『看旁邊』的作品是什麼？」這是在想「看旁邊」這招能不能用在自己的作品上。接著在旁邊畫插圖，然後寫下「如果六個人一起看旁邊，我大概也會跟著看」的筆記。這個筆記的意思是，如果咖啡廳裡面有六個人一起往同一個方向看，其他人大概也會跟著看。就情景而言是很有趣的，但似乎很難做成作品。

接著我又寫下「智慧型手機或網頁能否使用『看旁邊』這個想法」，感覺上好像沒辦法用，因為即使螢幕上的人與角色往旁邊看，現實世界的人也絕不會跟著往旁邊看。這樣的話，現實世界的「機器人『看旁邊』」好像就很有趣吧。機器人明明只能依照程式做出制定的動作，若突然一反常態地「看旁邊」，人類應該也會以為那個方向有什麼而跟著看。

「機器人的『看旁邊』這個創意就在上述的過程之中誕生。從一開始的筆記到後續的思考過程，我全部都記錄在二軍筆記本裡，然後在一軍筆記本裡以插圖的方式寫下機器人的

如果有六個人

智慧型手機與網頁能不能
使用這招「看旁邊」？

吸引不了人
如果是實體的
數位內容呢……

能否騙到人

讓漫畫《第一神拳》的青木的絕招「看旁邊」昇華成「機器人的看旁邊」這個創意，再將創意寫在一單筆記本裡。

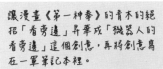

『看旁邊』」。機器人當然就是以大家熟知的Pe●er為雛型。

這就是種籽昇華的過程。讓一開始的想法昇華，整理成與最終產出的成果有關的內容。有時候可透過各種「創意發想法」刷新創意。

所謂的發想法就是尋找各種靈感的技巧。例如可讓想法具體成形的**心智圖**以及大家一起提出想法的**腦力激盪**或是將創意填入九宮格的**曼陀羅式思考**，都是很有名的技巧。

一直以來，我就像是個不斷研究「發想法」的阿宅，我也讓這些發想法與自己的筆記術結合，在工作上扮演很重要的角色。回顧二軍筆記本的筆記，發現「這個筆記說不定很有趣」的時候，我都會試著讓這個筆記昇華。此時我會在筆記本裡以文字記錄思考的過程，而這就是受到心智圖的影響。

有時候我會利用二軍筆記本進行「單人腦力激盪」。我會在必須提出重要的企畫時，將各種種籽攤在眼前，然後不斷地深入探索這些種籽的可能性。這是可以說是發想法與筆記術融合之後的究極絕招，也是屬於我個人的遊樂時間，只不過，提案的截稿日期還是會把我逼得流冷汗就是了……。

有關利用這類發想法刷新筆記內容的方法將在第五章詳述。

第4章

從筆記本產出結果

為了從筆記中得到回饋，就要增加站上打擊區的次數

收藏在一軍筆記本的那些字字珠璣……。

這些內容只有在昇華為產出的結果之後才真的有價值。只要有時間，我就會翻閱自己的一軍筆記本，看到精選的筆記固然開心，但是應該不會有人只滿足於瀏覽這些筆記吧。大部分的人應該都希望能利用費心製作的筆記本締造**成果**吧。

一提到成果，我立刻想到的是工作。如果能利用筆記本製作出加薪或是增加酬勞的作品，那實在是再開心不過的事情。不過，若只是為了締造成果而使用一軍筆記本，使用的次數恐怕極為有限。

先前已經提過，改變產出的定義，增加產出的次數是非常重要的步驟。增加產出次數的重要性是再怎麼強調也不嫌囉嗦的。

因為，人類就是從**失敗**之中學習的生物。增加產出次數，經歷更多次的失敗，得到更多的回饋，就能讓成長飛躍性地加速。

小孩的每天就是連續的失敗。拿筷子拿不好、球踢不直、不會騎自行車……，累積無數次的失敗後，學會的事情也慢慢增加。

工作的本質也這樣。不過，真的失敗的話，就會讓公司蒙受損失，也會失去員工的信任。所以才會在組織裡面設下各種防範措施，盡可能避免失敗。在這樣的環境下是很難得到大量的回饋的。

正因為如此，我才建議大家在工作之外，盡可能抓住產出內容的機會。說是這麼說，大部分的人還是蠻排斥在工作之外產出作品的，大家或許是覺得在職場產出作品的話，公司會保護自己，若是為了個人而創作，恐怕會有風險吧……。

為了拿掉「產出」這個心理障礙，容我為大家介紹一個實例。

前面已經提過，我因為住院而學會一軍筆記本的製作方法。出院後，我將很多筆記整理到MOLESKINE的一軍筆記本裡，但是就在某一天，我突然想到「如果把一軍筆記本的創意直接放上部落格的話，會有什麼結果」。之所以會有這個想法是因為一軍筆記本的確讓我做出許多好的企畫，使用上也的確得心應手，但還是有許多筆記沒用到，也不知道該怎麼應用。

於是直接公佈一軍筆記本的部分筆記的「免費銷售創意網站INTERESKINE」(http://intereskine.tumblr.com/)就此誕生。這個網站的創意都是不打算立刻使用的，所以這個網站歡迎任何人自行取用這些創意。

我只是掃描一軍筆記本的頁面，然後在旁邊加點說明而已，卻從朋友得到下列的迴響。「這個很有趣耶，我忍不住嘴角上揚了」、「我比較喜歡這個創意」、「很希望這個可以變成商品」、「如果有這個的話，我可能會買」等等。

這些回饋真的很珍貴。除了能了解自己的創意行不行，也能提升產出的動機。

我也建立了公開商品創意的網站，這個網站的名字是「商品創意提案網站prototype1000」(http://www.prototype1000.com)。

這個網站放的不是插圖，而是產品在商品化之後的視覺設計圖片。圖片這麼真實好嗎？公開之後立刻造成話題，也有許多商品因此在網路媒體裡流傳。

最具代表性的例子就是「本能寺暖爐」。這是以織田信長葬身之地的京都本能寺為雛型

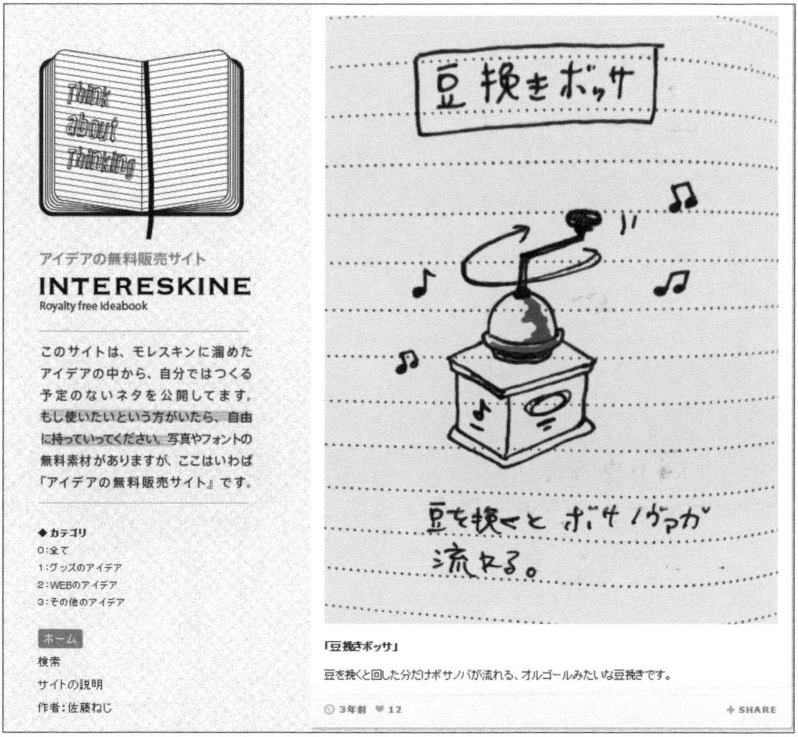

「免費銷售創意網站　INTERESKINE」是掃描一軍筆記本的頁面後，直接公佈掃描結果的部落格，是讓創意公諸於世的嘗試。

所製作的暖爐，中間加熱的部分會出現陷於火海的信長。有人在推特問前花式溜冰選手，也是信長子孫的織田信成先生對這個「本能寺暖爐」的感想，結果信成先生回答「這個暖爐超時髦的」。

光是掃描筆記的頁面與放上部落格就是一次的產出。如果稍微加點視覺設計，就有可能成為口耳相傳的話題或是新聞。對於長期需要製作「熱門企畫」的我而言，這個經驗也為我帶來無比的勇氣。

「商品創意提案網站prototype1000」是以圖片提出產品創意的網站。有些產品變得很熱門，還因此成為新聞。

在工作之外的時間追求「自我風格」

每個人應該都有產出作品的**原始體驗**，例如小時候用蠟筆在紙上畫圖，然後被大人稱讚的經驗，或者是在學校寫的作文被當成「優良範例」，站在大家面前朗讀作文的經驗。進入社會之後，自己的提案也可能得到客戶讚美，或是聽到主管說：「你真的很擅長這類企畫耶」。

這種原始體驗就是產出作品所需的原動力。如果沒有這種原始體驗，人們應該是不會想產出什麼作品的。

如果想在工作之外的時間產出作品，不妨先想想，自己曾有過哪些原始體驗。

我曾在美術大學研究裝置藝術。所謂的裝置藝術就是利用物品或裝置，將場所或空間形塑成作品的藝術。如果提到工作之外的產出，我最先想到的就是裝置藝術作品。

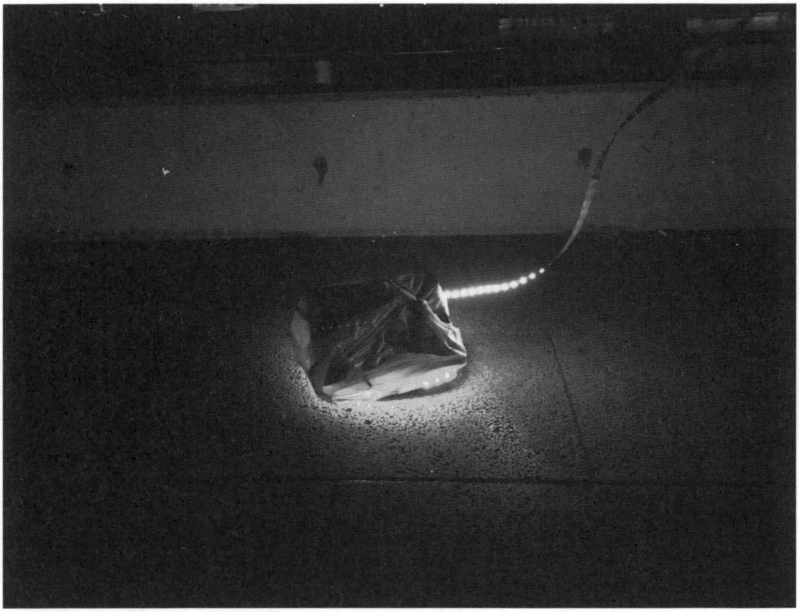

「漂亮的垃圾」燈飾雖然很漂亮，但是被電線纏繞的樹木卻日漸枯萎。夜景也是由一盞盞加班的燈光組成。發光的垃圾應該也很美吧。

我覺得很不可思議的是，我進入社會工作已經十年了，但是重拾裝置藝術之後，發現自己能以學生時代所沒有的觀點以及技術打造出更有自我風格的作品。

在此為大家介紹一個範例，就是「漂亮的垃圾」(http://kireina-gomi.nezihiko.com/)這是在各類垃圾加裝ＬＥＤ這類燈飾的作品。

聖誕節的燈飾雖然絢爛，但是被纏了一圈又一圈的是葉子落盡，看似寂寞的樹木，有時候甚至可說成是枯木。

此外，遠眺的夜景雖然美麗，但是每一盞燈光其實代表正在辦公室裡加班的每個人。將遠方的夜景拉近一看，說不定會看到悲慘的事情正在發生。

如果會發光的東西都美麗的話，那麼會發光的垃圾也很美麗嗎……？這項作品就在這個想法之下誕生。

於是我在那些晚上被丟棄在街角的塑膠傘、超商的便當盒、空罐、塑膠水桶、大便綁上燈飾，試著讓這些垃圾發光。

若是只從文字解讀這項作品或許一點也不有趣，但實際讓它們發光後，每件垃圾都變得很漂亮。

「aiueo作文RAP專案」是請熱愛音樂與和平的人們以「祈求世界和平」以及「南相馬」來一段「aiueo作文RAP」的作品。

「漂亮的垃圾」這項裝置藝術具有濃濃的自我風格，因為沒有人想過讓垃圾發光(而且還讓狗大便發光)，使用的技術也很簡單。

另一個要介紹的作品是「aiueo作文RAP專案」(http://aiueo-rap.com/)這是請熱愛音樂與和平的人們來一段RAP的專案，我則是因為設計這個網站而參加這個專案。這個專案主要是請各種年齡、人種、宗教的人以「祈求世界和平」(he・i・wa・wo・ne・ga・u)這七個日文假名以及福島縣南相馬的人以「南相馬」(mi・na・mi・so・u・ma)這六個日文假名來一段「aiueo作文RAP」。為了能以RAP的韻律感傳遞正面的訊息，這個網站也花了不少工夫設計。

這個專案不是由我提起的，而是影像作家黑柳鐵平的企畫，我則是因為對「用RAP歌誦和平」的概念有共鳴而參加這個專案。即使不是由自己主導，參加專案也能得到回饋，也能為工作帶來好的影響。

歸根究柢而言，所謂的產出說不定就是「行動」這件事。愛心義工也是如此。前往東北或熊本這些災區盡一己之力救災，然後從中得到感謝或是了解自己的渺小之後，這些過程都會成為一種回饋，也能成為工作上的參考。結論就是，擔任義工的經驗能讓自己在本業有所成長。

企業方面該如何面對員工的個人產出呢？一如「員工能否兼差」的爭論，一定有人擔心員工在非上班時間從事本業之外的事情，有可能會對公司造成不良影響。

不過若從個人產出的好處來看，我覺得這應該會為企業加分。當我還在面白法人KAYAC公司服務時，我做了一個「面白法人KAYAC的試作工坊」(http://create.kayac.com/)。

這是一個讓員工介紹個人作品的網站。公司積極地向外部公開個人作品，能讓員工了解「公司鼓勵個人創作」這件事。KAYAC是一間有很多員工想「做點什麼」的公司，所以有許多人在看到其他員工的作品後更有動力，也出現更多由員工齊心協力製作的作品。如此活潑的氛圍也是一種對外部客戶的優質宣傳。

這也讓我覺得這是一種能讓企業與員工雙贏的機制。

持續產出，就能改變人生

回顧之後我才發現，製作一軍筆記本，持續利用這本筆記本產出，確確實實改變了我的人生。聽來或許有些誇飾，但帶來的影響就是如此震撼。

掃描一軍筆記本的頁面或是製作創意的想像圖，又或者做一些與工作無關的作品，持續增加產出的次數，讓我得到許多有益的回饋，成長也因此加速，而每個「增加產出的人」都會有這類經驗。

容我在此舉出我以外的例子。

かっぴ（Kappi）先生是一位推出了《SNS警察的SNS入門》（Diamond社）、《時髦的家，時髦的女性侍酒師》（大和書房）這類單行本，是擁有多欄連載的人氣漫畫家。其實他與我一樣，都曾在「面白法人KAYAC」工作。他對廣告無一不知，非常擅長寫廣告的企畫，但另一方面，始終無法忘懷成為一位漫畫家這個夢想。

かっぴ的漫畫「臉書警察」
(http://note.mu/nora_ito/n/nace941db6a8)

公司內部有一小群人知道かっぴ先生很認真畫漫畫，而かっぴ先生也會請其中的某些人看作品，徵求對方的感想，之後就在某一天，把自己畫的漫畫放在外部網站。那個漫畫主要是描述「警察」取締在臉書常見的行動，由於情節很直接，有許多陌生人看完之後都笑了出來。

かっぴ先生覺得這種畫風似乎可行之後，又把其他的社群網站的「大小瑣事」畫成漫畫，然後立刻貼到社群網站上。在重覆這個過程之中，他的粉絲越來越多，也有越來越多的人會問：「下一集還沒好嗎？」

他對網路行銷很熟悉，所以想了一個「不會只是像煙火般爆紅就結束的方法」，他得到的結論是，以稍微緊湊的間隔持續推出作品是很重要的，換言之，持續產出，持續站上打擊區是重要的。因為不斷推出作品而獲得粉絲的他將持續產出這件事形容成「就像是不斷地傳遞聖火」。

所謂的「大小瑣事」，只要能好好地把誰都有所感的梗畫成作品就能成立。かっぴ先生很擅長挖出這類「大小瑣事」，而這也代表他有能力製作出引起共鳴的作品。他目前正在畫以美術大學以及畢業後的廣告業界為舞台的超級傑作《左撇子的艾倫》，對於從美術大學畢業，從事廣告工作的我而言，這真的是讓我愛不釋手的作品。

讓我再為大家舉一個例子，那就是我的老婆。

我的老婆叫佐藤蕗，之前從事的是建築設計的工作，後來因為生小孩而成為自由工作者。她一邊帶小孩，一邊為小孩做玩具而成為話題後，也登上雜誌的版面與電視。這時候變得熱門的是部落格這邊。她在部落格放上自己做的玩具以及跟小孩一起做的勞作之後，就被人認定為「玩具作家」，也得到出版手工玩具書的機會。

如果老婆沒持續寫部落格的話，會演變成什麼結果？即使做了玩具，會覺得開心的也只有自己的小孩。當然，這樣也足夠讓人開心，只是如此能得到的回饋就很有限。再者，帶小孩是一件很辛苦的事，長期維持偽單親的狀態會累積不少壓力，如果能透過部落格與外界通通風，狀況就會變得很不一樣。

「好可愛！」、「好想自己做看看」，這些來自部落格讀者的回饋是最棒的動力，這讓老婆更想「下次做這個試試看」，也更想陸續發表不同的作品，而且孩子的成長也帶來不少靈感，也讓產出的結果變得更多元。老婆以部落格為發表平台之後，在同樣帶小孩的媽媽之間造成話題，也得到上電視與出版書籍的機會。

持續產出能讓人生改變的這句話一點也不是誇飾法，而是實際會發生的結果。

顛覆「前提」，就能出現驚喜

我想進一步深聊改變產出的定義這件事。

除了工作上的成果之外，將想做的東西具體做成個人的作品，在部落格寫下靈感，在公司內部電子報發表文章，都是一種產出。換言之，產出就是行動本身，只要持續行動，一定會得到一些改變。

在公司內部的電子報發表，得到大家的回饋，然後再針對這些回饋強化電子報的寫法與寄送方法，會產生什麼結果？

公司內部的電子報原本是為了分享資訊而發送，但在習以為常之後，大部分的人不會對毫無關係的主題有什麼反應。此時若能在這些主題放一些有趣的漫畫，肯定很新鮮。這類「意外」在產出作品時，是非常重要的關鍵。

對於資歷尚淺的新人而言，電子報可說是在「公司內部亮相」的機會。如果只是老實地寫「我製作了這類東西……」，肯定無法吸引太多目光。

因此，某天我請年輕的部下以「喔喔喔！真的假的，我做的喲，真的超有趣的啦！」這種口吻撰寫公司內部電子報的原稿。這篇文章在公司內部引起很大的迴響，甚至有人一臉狐疑地問：「原來○○是這樣的人？」成功地為年輕員工打響招牌。他之後就被公司的人取了個「喔喔喔」的綽號，也被別人覺得是個有趣的人而刮目相看。

除了文章本身的意外性還有其他意外性。「咦，是這麼了不起的人？」公司內部的電子報也很適合進行內部宣傳。某次從未對介紹一般事務回信的公司監察人突然以「YO！YO！這個一般事務的例子真是最棒的！COOL！我的心情都熱起來了耶！」的口吻回覆了這封電子報，也在公司內部引起不小的騷動。其實這是我在事前拜託這位公司監察人：「不好意思，能否以這篇文章回覆這篇介紹一般事務的電子報」。

上述是我在「面白法人KAYAC」實際操作的範例。看似不起眼的電子報或內部信件也能在這番巧思之下有所改變。重要的是，除了電子報的內容之外，大家會有什麼反應的這點也是讓人感到有趣的部分。這跟在電影結束的一陣子之後，貞子會打來電話的「貞子3D2 智慧型手機4D」一樣都是改變了「**前提**」。就是因為顛覆「公司內部電子部只是報告一般事務」的這個前提，董事們一反常態地回信才能引起如此大的迴響。顛覆前提，就能出現驚喜。不管是公司內部的信件還是電影，察覺「某種制式的前提」是非常重要的，而這樣的觀察方式是我透過筆記術學會的。只要具備這種觀點，就能以「能否改變前提」觀察任何事物。

就以開會為例吧，在這世上，大部分的人都知道有種名為開會的無聊，有這種想法，或許是因為與會人員多半都不說話吧。最近有很多人帶著筆記型電腦在會議室開會，有時候大家甚至只盯著自己眼前的螢幕，開會的氣氛當然不熱絡。

有一次我就想，如果試著以不同的方式開會，會有什麼結果。基於這個想法，我試著讓公司內部的設計師會議一改常態。設計師會議原本是讓大家報告設計成果的會議，但這次我請大家把筆記型電腦擺在桌上，每一台的螢幕顯示設計師自己製作的東西，再請大家離開座位，瀏覽每個人的作品。這是我從美術館與博物館的**展覽**得到的靈感。改變會議就是坐著討論的這個前提，與會人員就能從彼此的閒談之中得到「這個真有趣」、「這個如果做成這樣，應該會更好吧？」的靈感。

辦活動也能利用同樣的巧思改造。製作內容的公司、科技產業的公司為了能向外宣傳、得到新的知識與發現常常舉辦活動，而「面白法人KAYAC」曾經企畫「UI溫泉」這項活動。所謂UI，是User Interface(使用者介面)的縮寫，指的是是使用者使用網路服務與智慧型手機app的時候實際操作的部分。這個讀書會通常在「澀谷HIKARIE」這種時尚的辦公大樓舉辦，但我故意反其道而行，選在位於神奈川充滿古色古香的「綱島溫泉」舉辦。

泡完溫泉後，再以輕鬆的氣氛討論UI。UI是左右服務操作度的重要關鍵，所以我覺得能讓使用者輕鬆使用的UI也該在放鬆的環境下誕生。把這場活動命名為「熱愛UI與溫泉的活動」的話，光是概念本身就是個冷笑話，所以我覺得應該可以讓每個與會人盡情放鬆，實際參加演講之前，就請所有與會人員合唱由「The Drifters」的「好棒的溫泉啊」這首歌改成「好棒的UI啊」，也讓這場活動變得溫馨輕鬆。

「改變產出的定義」這句話不只是要大家增加自己產出的作品，還希望大家改變產出的方式，如此一來，接受產出的一方會因此感到驚豔，也能從各方面讓工作變得更有趣。

靈感源源不絕！驅動超高速循環

在公司分頭進行多個案件算是常態，但有時得將所有精力放在對公司非常重要的案件上。即使是自由工作者，也常會遇到「其他的案件先放著沒關係，先處理這個案件吧」的情況。

此時該如何應用筆記本呢？就正常的流程來說，應該是在二軍筆記本寫下開會的筆記以及針對專案調查的結果，然後將似乎可用於產出的筆記整理到一軍筆記本，但是這個流程可能趕不上截稿的日期。

為了解決這個問題，我製作了一本二軍筆記本與一軍筆記本合體的筆記本。我把這本筆記本稱為**1.5軍筆記本**，這也是為了能將所有精力放在非常重要的案件而做的筆記本。

使用1.5軍筆記本的第一步就是仿照二軍筆記本的方法，先寫下開會這類的筆記，寫完筆記之後，立刻複習內容，整理出重要的部分以及進行聯想，再從中挑出覺得有趣的內容，然後整理成可實際使用的創意，再寫在同一本筆記本裡。換言之，就是將製作一軍筆記本的作業以及結果寫在1.5軍筆記本的意思。

這麼做可縮短從繁雜的筆記到產出的循環，而且當天就能與專案成員分享創意與得到回饋，重覆這個流程，可讓專案的成果不斷提升品質。

1.5軍筆記本的有趣之處在於這本筆記本是自己的興趣或嗜好的象徵。接到超級重要案件的人，一定會忙得沒時間想別的事，所以，就算有效期間很短暫，製作一本有別於其他筆記本的特殊筆記本也是很有價值的。

如果能做出一本反映自我興趣或嗜好的筆記本，就算沒用在工作上也是件好事。如果私生活出現讓你「滿腦子都在想的事情」，不妨為這件事製作一本1.5軍筆記本，例如搬家、準備婚禮、生小孩、創業或是找幼稚園、抓寶可夢，諸如此類的事情都是其中之一。

如果有自己最想投入的事物出現，即使是私生活的領域，也可試著製作1.5軍筆記本。這麼做可釐清事情的狀況，也能了解自己該如何應對，心情也能跟著沉澱下來。私領域的心事雖然會害你疏於工作，但只要有這本1.5軍筆記本就安心了，而且還能讓你專心地完成搬家、結婚或是生小孩這些事情。

在私領域準備一本1.5軍筆記本還有很多好處，比方說可以更了解與工作沒什麼關聯的主題，進而對本業帶來好的影響。例如我在寫這本書的時候，同時也在計劃搬家。小孩越來越大，公司的位置也改變了，所以為了今後的生活方式，我想搬到適合自己的家……，在經過諸多調查後，我居然愛上所謂的「**格局圖**」。

格局圖雖然只是將房屋構造畫成平面的圖，卻格外地有趣。除了視覺上很美觀之外，明明是張簡單的圖，卻會讓人不斷地幻想住在其中的生活。為此，我甚至覺得「說不定能利用格局圖製作作品」。假設從事房屋相關工作的客戶拜託我製作企畫，現在的我應該能做出有趣的內容。

筆記本的使用原則就是公私不分。不管是工作還是私生活，只要遇到心有所感的事物，請試著讓這些事物「物質化」為1.5軍筆記本，這麼一來，掛心的事情能在這本筆記本裡有著落，也能透過這本筆記本整理出一個又一個的解決方案，一切將如魚得水，也能流暢迅速地改善狀況。

每年都會遇到新年或新年度的問題，此時也可以試著製作一本新的筆記本。製作「相親活動筆記本」、「證照考試筆記本」，然後將這類筆記本當成1.5軍筆記本使用，一定能讓這些願望得以實現。

就算是無聊的內容產出也好，總之先踏出第一步再說

我在寫這本書的時候，自己的筆記術到底有什麼效果？我重新思考了這個問題。

「別人使用ねじ先生筆記術，會有什麼好處嗎？」

為這本書開會的時候，我被問到上面這個問題。想了又想之後，我是如此回答的。

「可以讓成果（產出）變得更好。可以讓成果變得更有自我風格，也能讓更多人欣賞」

在這個問題之後，又被問了下個問題。

「能讓成果變得多好呢？」

這可是一個難以回答的問題。產出這件事不一定能以數字評估，所以有可能連我也不知道答案。

不過，若從整體來看，「成果的品質」提升與「產出的次數」、「產出的品質」或是

「引起話題的機率」有著密切的關係。善用筆記本能讓成果的品質提升，也能提高引起話題的機率。不過，真正具有影響力的還是產出的次數。增加產出的次數，成果的數量就會立刻增加，不僅如此，還能得到更多的回饋，品質與爆紅機率也自然會提升。

只可惜，聽從「增加產出數量，增加自己站上打擊區的次數」建議的人比想像中少很多，因為會**自動出擊**，自己採取行動的人其實不太多。

這應該是因為替公司製作固定的成品不會引來太多「不安」。雖然有可能無法得到預期的結果，但還是可以說出「總之我很努力地完成該做的工作了，應該不會被罵才對」的藉口。只想聽命行事的人現在越來越常見。

但這樣真的是最佳選擇嗎？

產出的機會有限的話，得到的回饋也很有限。若想讓自己脫胎換骨，就應該在私底下為自己創造產出的機會。現在已是能透過部落格或推特輕鬆發表作品的時代，讓我們現在就開始產出作品吧……。

雖然已經再三鼓勵，但還是有人不願踏出最初的一步。正在閱讀本書的您會如何選擇呢？

透過部落格與推特發表自己的創意或是企畫。這時接受試煉的是您自己。在公司上班時，其實很少被直接評估，但是當產出的場域一改變，你就得站上第一線接受批評。

這會讓人不安，所以不想試，我知道有些人是這麼想的，但也有人覺得「這是讓自己面對世界的機會」。

沒錯，產出就是讓**自己面對世界**的機會。

離開公司這個封閉的世界，在更為開闊的地方發表產出的內容。雖然一定會不安，卻也是讓自己在遼闊的世界活躍的第一步。

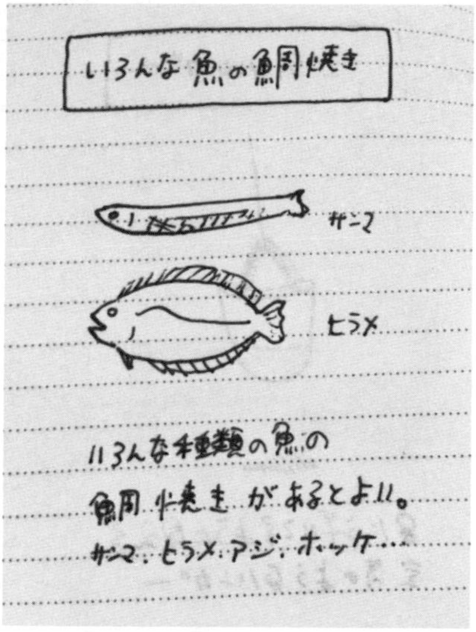

「いろんな魚の鯛焼き」

第一步，不管是多麼無聊的發表都好，重要的是先採取行動。

我在「INTERESKINE」這部落格的第一篇文章就是「各種魚的**鯛魚燒**」。我的疑問是，為什麼鯛魚燒只能是鯛魚呢？難道不能換成秋刀魚或比目魚嗎？現在回想起來，有種「所以咧？」的感覺，但我還是透過網路，向全世界發表了我的想法。

每次的產出都是對自己的試煉。「我是個很無趣的人，是個沒什麼了不起的人……。」

對於有這種想法的人，我想這麼說：

「請翻開筆記本，裡面一定藏著只有你才能想出的創意喲！」

第5章

讓創意昇華

讓創意在筆記本裡膨脹

不論什麼時刻，我都想做出充滿個人色彩的獨特企畫。幫助我完成這個目的的關鍵在於根據二軍筆記本那雜亂的筆記製作而成的一軍筆記本。在一軍筆記本累積哪些點子可左右產出的品質以及爆紅機率。

二軍筆記本寫的是每天的思考流程以及接觸到的事物，而這些內容常可勾勒出其他人沒想到的意外驚喜，若是能將這些驚喜整理到一軍筆記本，就成了製作具有個人特色的企畫的線索。

所以我總是想辦法讓寫在二軍筆記本裡的種籽昇華成寫在一軍筆記本裡的點子，這也是我在工作上，最厲害的Know-How。我每天都不知不覺地磨練著這個技巧。

讓種籽昇華的技巧幾乎都是以發想法為雛型，換言之，我是透過筆記本實踐尋找靈感的方法。

這一章要解說的是讓種籽昇華的方法以及採用發想法的方式。

某天我看到澳洲發明了「事故車展示櫥窗」這則新聞，這讓我大受衝擊。一般來說，櫥窗展示的都是新車才對，如果是中古車商，有可能展示的是中古車，但也會把中古車擦得晶亮展示。沒想到居然會有只展示事故車的櫥窗。其實這是澳洲的汽車保險公司為了提醒車禍的可怕，所推出的期間限定展示。而且不只是展示事故車，還能體驗邊用手機邊開車，然後發生意外時的衝撞感。

顛覆「櫥窗就該展示新車」這個定見，就產生了新的驚喜。而這就是我一直想效法的思考框架。這則新聞既然能在日本造成轟動，想必在當地也造成相當的震憾，當然，我也把這則新聞寫在我的二軍筆記本裡。而這則「事故車展示櫥窗」的內容該如何轉化至一軍筆記本呢？如果只是把這則「事故車展示櫥窗」寫在一軍筆記本，然後原封不動地應用在企畫裡，那一切不過是抄襲，而這種做法既不酷也很無聊。

所以我要讓這顆種籽在二軍筆記本昇華。

一般來說，我在二軍筆記本寫筆記的時候，會在紙面中間畫一條直線，分成左右兩個區塊書寫。但若要使用發想法時，會需要更寬廣的空間，這時就不會畫直線。

接著就是使用心智圖與九宮格曼陀羅式思考法寫下自己的思考流程，同時還盡可能讓創意向外擴散，把所有想到的事情記錄下來。

要讓「事故車展示櫥窗」這顆種籽昇華，首先要做的事是**元素解析**。此時最大的兩個元素是「事故車」與「展示櫥窗」。這兩個元素意外地組合才產生了如此的震撼，所以要從這兩個字眼發想。

「事故車」是什麼？原本該是負面的東西，有缺損的東西，給人不良印象的東西，而「展示櫥窗」則通常是展示優異的東西、正面的東西才對。換言之「事故車×展示櫥窗」這種組合的**本質**就是讓往後的東西往前，讓負面的東西變成正面的意思。

如果模仿的是這個本質，一切就不會止於抄襲。讓我們將心思放在模仿本質，而不是抄襲表面吧。

把「缺陷」當成好東西展示。這個概念讓我想到「誰的iPhone螢幕破得最漂亮」的比賽。這個創意讓我想立刻放進一軍筆記本裡。

我透過心智圖與九宮格曼陀羅式思考法讓種籽昇華，而這也是再基本不過的方法。曼陀羅式思考法就是先畫一個3×3的格子，然後在正中央的格子放入單字，然後再將從這個

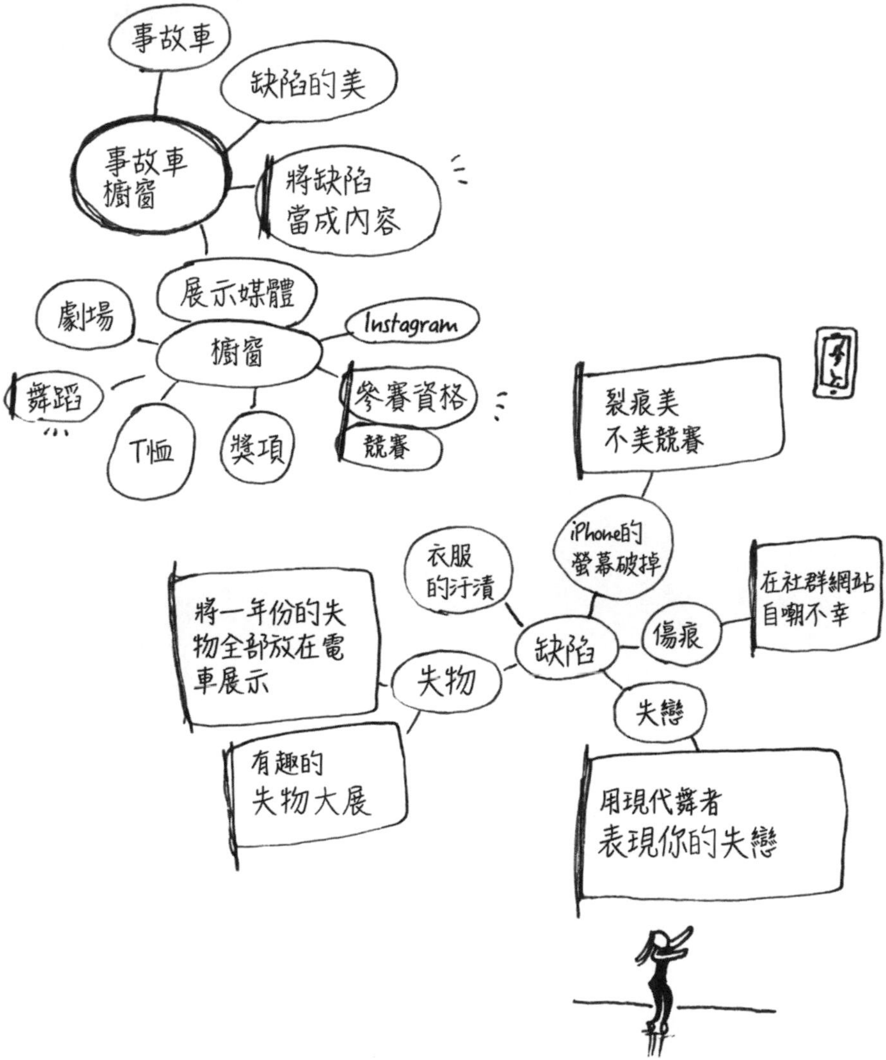

從「事故車櫥窗」想到「誰的iPhone螢幕破得最漂亮比賽」這個嶄新的點子。

單字聯想到的東西放到九宮格外圍的8個格子裡，藉此讓創意向外擴張。不過就我而言，我覺得不一定得想出8個單字不可，也覺得四方形的格子會扼殺想法上的自由，所以我在筆記本進行創意發想的時候，覺得心智圖這類改良過的東西比較好用，而且也真的都是使用心智圖。

利用「元素解析」深究企畫對象

「請以〇〇主題想個企畫來吧」

偶爾會突然接到這樣的命題。有時一軍筆記本會剛好有命中紅心的創意，但不是每次都這麼幸運，譬如說客戶希望「想個新的貓咪周邊商品吧」，但市面上已經充斥著各式各樣的貓咪商品，要創造一個讓人覺得很有趣或是讓人讚嘆「真不愧是大師」的商品，可沒那麼簡單。換言之，不深入探討「貓咪商品」這個主題，就沒辦法完成企畫。接下來就讓我們實際試試看吧。

首先要先以元素分析來分析「貓咪」。讓我們利用心智圖+曼陀羅圖來分析吧。

先在筆記本的頁面中央寫下「貓咪」，再以此為起點向外分枝，寫下有關貓咪的元素。這個步驟的版面越寬越好，不一定非得是筆記本的頁面，也可以改在A4的紙張進行。

說到貓咪，就會讓人想到「貓眼」、「耳朵」、「尾巴」、「爪子」、「皮毛」、「叫聲」、「打鬧」、「毛球」、「項圈」……。先把想到的寫下來，之後還要從這些部分繼續延伸。

說到貓眼，就讓人想到「白天的眼睛」與「晚上的眼睛」這種亮處與暗處不同的部分。

而提到貓的尾巴，就讓人想到「蓬鬆的」、「豎起來的」、「捲捲的」、「毛絨絨的」……。

若說到貓的皮毛，就想「長毛貓」或「短毛貓」……。

像這樣把有關貓咪的元素全寫出來後，就會突然發現一件事。貓咪的「眼睛」或「耳朵」是貓咪身體的一部分，但是「貓咪打鬧」或「尾巴毛絨絨的」屬於貓咪的行動或動作。因此我試著在另一頁的正中央寫下「貓咪的行動」，然後再從這裡往外延伸出「躡手躡腳地走」、「打哈欠」這類相關內容。

接著又在另一頁寫下貓咪的周邊事物，或是以貓咪為雛型設計的東西。在正中央寫下「貓咪的周邊事物」，然後再往外伸延出「哆啦A夢」、「招財貓」這類相關內容。

大家應該已經發現，像這樣透過元素分析找到的元素可分成不同的群組。熟悉元素分析之後，就能立刻以「提到貓咪，就可以分出身體的一部分、行動、以貓咪為雛型的事物這

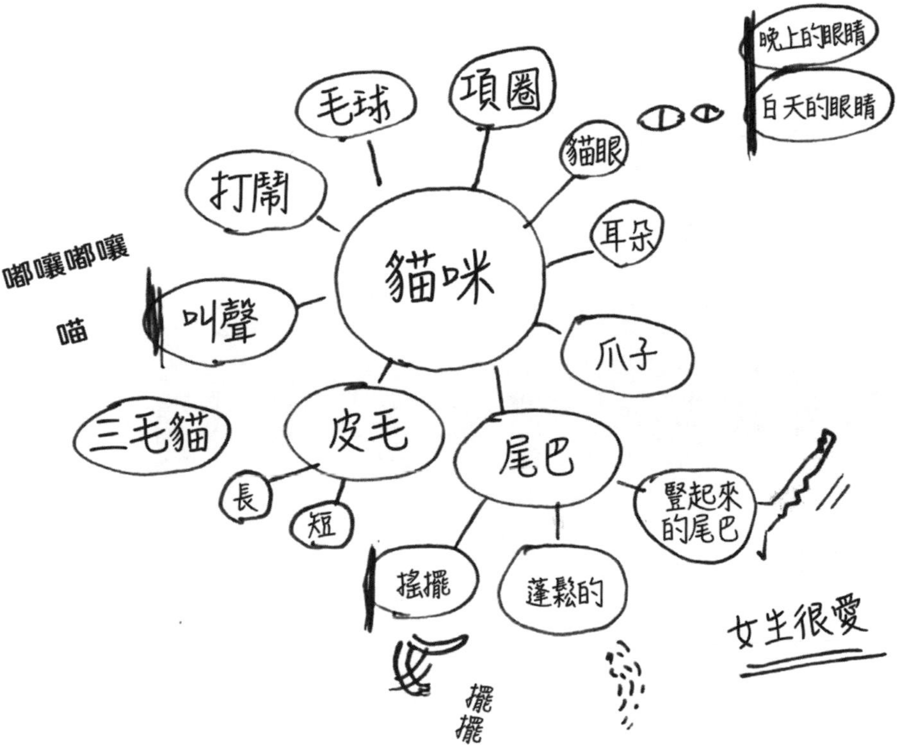

說到貓咪，就會立刻想到「貓眼」、「耳朵」、「尾巴」這類貓咪的身體構造。可利用心智圖或曼陀羅圖把想到的東西一一寫出來。

些元素」的感覺替找到的元素分組。

元素分析時，寫到十到二十個元素就會越來越累，想到新元素的速度也會越來越慢。這時候可先用色筆把有趣的元素圈起來。接著再如剛剛說明的將元素整理成「貓咪的行動」、「貓咪的周邊事物」新的群組，然後在另一頁繼續元素分析。

提到貓咪的行動，就會想到「貓抓板」、「追老鼠」、「捲著身體睡」、「生氣到毛豎起來」、「貓咪肉拳」。

說到貓咪的周邊，就會想到夏目漱石的《我是貓》、《穿長靴的貓》、《踩到貓尾巴》、「逗貓棒」、「貓咪專用門」、「貓科動物」。

想到很多元素之後，可先將這些元素整理成條列式的內容，也可以用色筆在最推薦的內容底下劃線。

接著要分解「商品」這個元素。市面上充斥著滿坑滿谷的商品，舉凡日用品、室內裝潢、衣服都是商品的類型之一。如果要把市面上的商品整理成條列式，不妨直接上亞馬遜或樂天這類網路商店從頭確認到底。不過，這種做法會讓想法僵化，也不太有趣。也不太建議為了做出特別的商品而覺得太過尋常的想法無法成為商品，然後列出一堆奇怪的想法

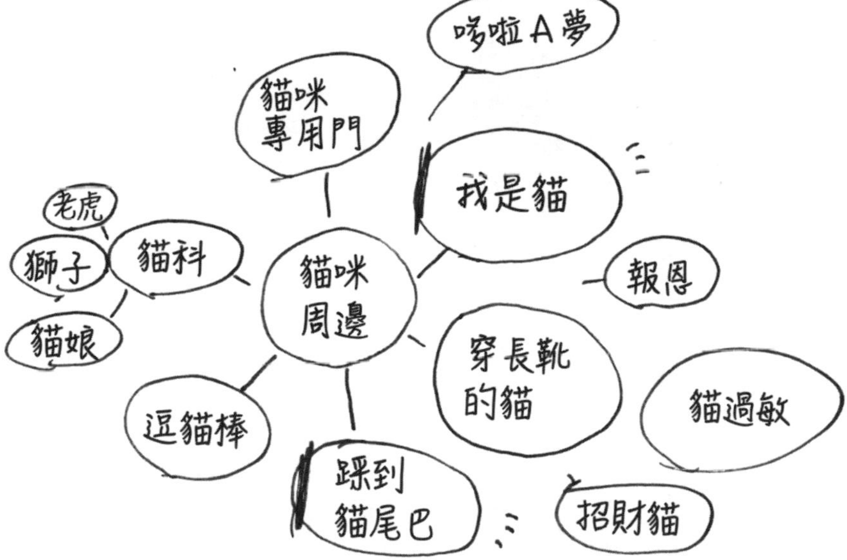

「貓咪的行動」與「貓咪的周邊」也能進一步細分出元素。

（例如忠實重現貓咪大便觸感的商品），因為特別的商品通常很難賣得出去，這類企畫也很難成立。

所以商品的元素分析只需要列出平常會想得到的東西就可以了。「枕頭套」、「坐墊」、「曬衣架」、「澆水器」、「垃圾箱」、「地毯」、「地毯的黏毛滾輪」、「時鐘」、「書套」……。

舉出一堆商品後，會發現「馬克杯」、「鏡子」、「毛巾」這類商品似乎是女性會喜歡的東西，而且市面上已經有類似的貓咪周邊，因此也可以分成「已經做成貓咪周邊」以及「還沒做成貓咪周邊」的群組。

像這樣將「貓咪」與「商品」分解成元素後，接著就是將兩邊的元素組合起來。之所以使用這種組合方式，是基於古典發想法《創意，從無到有》（James Webb Young，經濟新潮社）一書中提到的「所謂的創意，就是現存的東西的組合」的想法。即使這些元素都是現存的東西，這些元素的組合仍是嶄新的。就連由多人一起提出創意的腦力激盪也建議先接受別人的想法，再將該想法與其他東西組合成新創意。我所做的就是在筆記本進行單人腦力激盪吧。

有趣的點子有「黏著點」

既然創意是現存事物的組合，那麼要想出新的貓咪商品，應該只需要把從「貓咪」與「商品」聯想的元素直接配對就行了吧？

說到貓咪的話，就想到「尾巴」、「眼睛」、「貓抓板」、「我是貓」、「毛球」……。

說到商品的話，就像到「坐墊」、「曬衣架」、「澆花器」、「垃圾筒」……。

將這些列舉的元素一一配對，就能找到很多點子。其中應該會出現空前有趣的創意才對。

不過，就我的經驗而言，我知道光是像這樣機械式地配對，是很難組合出有趣的點子的。

例如在貓咪的元素有二十個，商品的元素也有二十個的情況下，最多的排列組合數量為

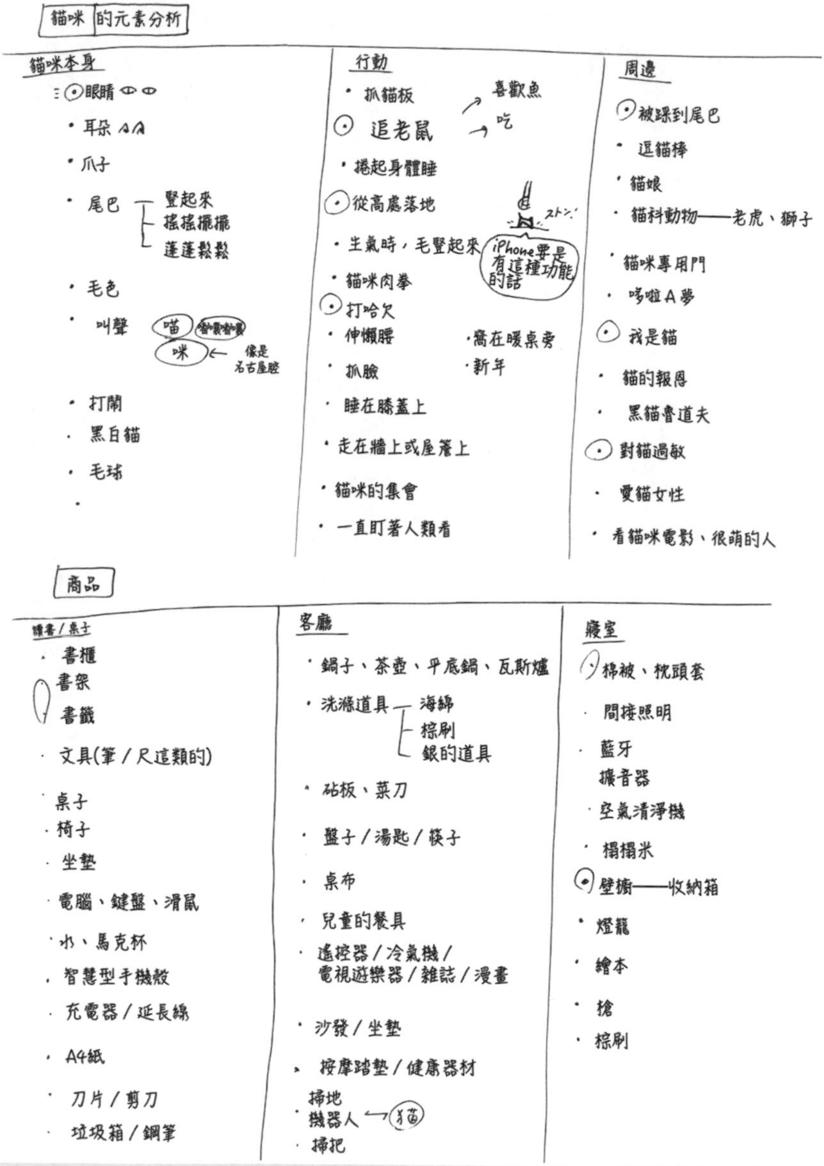
貓咪 的元素分析
貓咪本身
眼睛
耳朵
爪子
尾巴 豎起來 搖搖擺擺 蓬蓬鬆鬆
毛色
叫聲 喵 咪 像是名古屋腔
打鬧
黑白貓
毛球
行動
抓貓板
追老鼠
喜歡魚
吃
捲起身體睡
從高處落地
ストン
生氣時，毛豎起來
iPhone要是有這種功能的話
貓咪肉拳
打哈欠
伸懶腰
窩在暖桌旁
新年
抓臉
睡在膝蓋上
走在牆上或屋簷上
貓咪的集會
一直盯著人類看
周邊
被踩到尾巴
逗貓棒
貓娘
貓科動物——老虎、獅子
貓咪專用門
哆啦A夢
我是貓
貓的報恩
黑貓魯道夫
對貓過敏
愛貓女性
看貓咪電影、很萌的人
商品
讀書／桌子
書櫃
書架
書籤
文具(筆／尺這類的)
桌子
椅子
坐墊
電腦、鍵盤、滑鼠
水、馬克杯
智慧型手機殼
充電器／延長線
A4紙
刀片／剪刀
垃圾箱／鋼筆
客廳
鍋子、茶壺、平底鍋、瓦斯爐
洗滌道具 海綿 棕刷 銀的道具
砧板、菜刀
盤子／湯匙／筷子
桌布
兒童的餐具
遙控器／冷氣機／電視遊樂器／雜誌／漫畫
沙發／坐墊
按摩踏墊／健康器材
掃地機器人 貓
掃把
寢室
棉被、枕頭套
間接照明
藍牙擴音器
空氣清淨機
榻榻米
壁櫥——收納箱
燈籠
繪本
槍
棕刷

「貓咪」與「商品」的元素列表。彼此相乘就能迸出創意。

四百組，此時就算是僵化地確認每種組合，也只會得到徒勞無功的下場，找不到有趣的結果。想這麼多點子所得到的經驗是：不能只是把元素湊在一起，而是要稍微加工一下，**讓元素的組合昇華**。

接著讓我們從「貓咪」×「商品」的元素組合思考嶄新的貓咪商品吧。

「貓咪尾巴掃把」、「貓尾巴的床單」、「貓咪尾巴被踩的玄關踏墊」、「逗貓棒造型的掃巴」、「豎毛貓咪的掃把」……。

的確組合出一些好像很有趣的貓咪商品。或許有讀者會覺得「這樣就可以了嗎？」或許您會覺得，把這些想法提給客戶，「證明自己有在工作」就夠了吧……。

不過，若是將這些想法原封不動地做成商品，應該一點也不有趣吧。其實完全不用做成商品，先以插畫的方式將商品放上社群網站，看看大家的反應就知道結果。不過，我覺得這個案例不會得到什麼迴響。

這是為什麼？簡單來說，就是**黏著度**不夠。「豎毛貓咪的掃把」就是把貓咪生氣時，毛都豎起來的樣子做成掃把，也就是把豎毛與掃把這兩個元素黏在一起，而「貓尾巴的床單」可能是把貓尾巴黏在沒有尾巴的床單，而這項商品的黏著點就是愛貓人士會覺得這樣

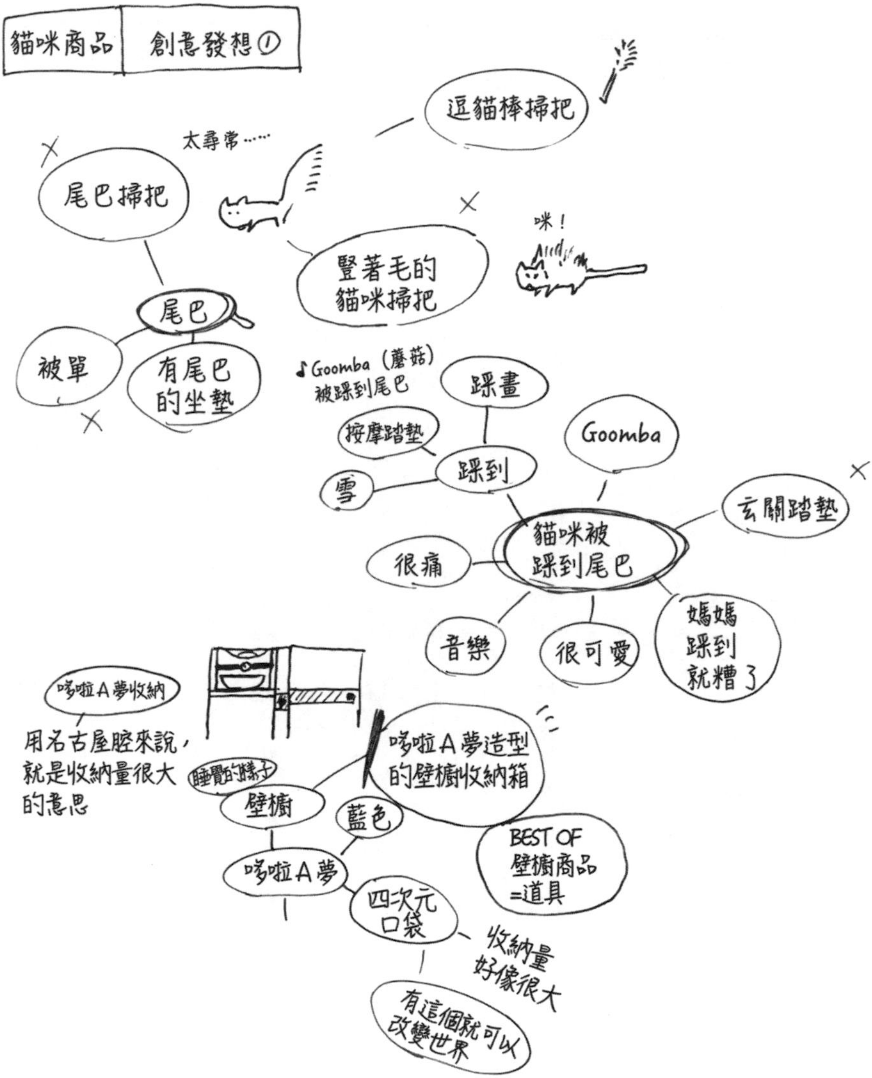

看起來商品的概念好像成形了，但還是有種「只是把元素組合起來的感覺」，黏著點很弱。因此還要繼續深入探討。

的商品很可愛吧。

在此舉出的兩個例子的黏著點都有點雞肋，很難讓人感到「原來可以這樣」的驚奇，也很難引起「這樣很棒耶」的共鳴。讓元素配對的目的不在於引起驚喜，而是要讓元素組合的黏著點裡加點迂迴，這樣子才能昇華為有趣的創意。

要找到有趣的黏著點，就必須進一步分解元素，繼續往下挖掘。

以「貓咪尾巴被踩了」這個元素而言，我想到的是「音樂」、「被踩到時的痛苦表情」。

以「哆啦A夢」而言，我想到的是「在壁櫥裡睡覺」、「四次元口袋」、「可愛」。

以「尾巴」而言，我想到的是「蓬鬆蓬鬆」、「豎得直挺挺的」、「稍微從陰影露出來」。

像這樣利用心智圖或曼陀羅圖進一步分解，就能想到與之前完全不同的東西，接著再與「坐墊」、「地毯」、「床單」這類元素組合的話……。好像就能想出什麼好點子。

若是把哆啦A夢「在壁櫥裡睡覺」這個元素做成商品，會得到什麼結果呢？有可能可以做出「哆啦A夢造型的壁櫥收納箱」，而且還可以替收納箱的抽屜貼上四次元口袋的裝飾，這項商品看起來就像是哆啦A夢在自家的壁櫥睡覺，除了讓人覺得很可愛之外，四次元口袋也有「可以放很多東西」的印象，而且做成貓咪的造型也很合理，也讓人覺得饒富趣味。

好不容易想到一個有趣的點子了。接著就趁勝追擊，繼續想下去吧……。雖然我很想這麼說，但是對不熟悉這套流程的人而言，光是從發想到想到創意可能就得花上三十分鐘了吧。若是開始覺得累，就很難找到有趣的黏著點了。其實還有很多技巧可以在覺得元素分析的速度變慢時試用，接下來就為大家一一介紹吧。

負面才容易靈光乍現

不斷地進行創意發想的步驟，結果靈感越來越枯竭的時候，有項技巧可以建議大家試試。

那就是「我討厭○○」。

很累或是很膩的時候就會想不出點子，但這時候人類的想法比較容易偏向負面，因此能以「我討厭○○」為題，以有別之前的觀點繼續尋找靈感。

如果反向思考：「我討厭這種貓咪商品」的話……。

- **有跳蚤**
- **很髒**
- **不可愛**
- **逃走了**

- **用爪子抓人**
- **出現過敏的症狀**
- **躲著不出來**

意外的是，可以像這樣一次列出一堆，而且要是真能做出包含這類元素的商品，反而讓人莫名覺得有趣。

或許大家會覺得，早知如此，不如一開始就以「我討厭○○」的角度發想，但這其實是不可行的。只有在花了一定程度的時間進行創意發想之後，這個「我討厭○○」的方法才會有效。

如果是「躲著不出來」的貓咪商品，不妨試試製作「放到書櫃之後，看起來就像是貓咪躲起來的書套」。這個書套附了一條蓬鬆的尾巴，一放到書櫃，看起來就像是貓咪背向我們一樣。看起來是不是很可愛呢。

明明是貓咪，卻一點也不可愛的商品好像也很有趣。舉例來說，「一坐下去，貓咪的臉就會被壓得醜醜的坐墊」。還沒坐下去的時候明明很可愛，一坐下去就變成醜巴巴的臉。

這種落差也很有趣。

接著讓我們把到目前為止精選的點子整理到另外一頁，就像是整理到一軍筆記本一樣。「貓咪躲在書櫃的書套」、「貓咪的尾巴造型書籤」，寫下這類內容後，發現這些都跟書有關，所以又聯想到「書擋」這項商品，最後的具體結果就是好像貓咪躲在書櫃的「貓咪造型書擋」。

這種創意的黏著點迂迴地有趣。一般的商品都是強調貓咪的可愛，這次的坐墊卻是反向操作，強調貓咪的醜臉，另外則是從貓咪躲著不出來這種愛貓人士討厭的情況聯想到的商品。這已經不是單純地把元素組合起來而已，而是以趣味將元素黏起來。

把愛貓人士或是曾養過貓的人會開心的情景似乎能巧妙地當成黏著點使用，我們不妨重新探討一下「豎著毛的貓咪掃把」這個想法吧。這世上的掃把有很多種，讓我們以用途來分類看看。用來打掃架子或是其他位於高處的家具灰塵的掃把，最近好像很少用到，反倒是用來掃掉鍵盤灰塵的掃把更貼近我們的生活，這類掃把也當成電腦周邊商品銷售。

一提到電腦的鍵盤，曾經養過貓的人一定很有感覺。想要妨礙人類的貓咪會故意睡在鍵盤上。雖然不是什麼大問題，但一副「我就是要你理我」的態度的確讓人又愛又恨。如果

貓咪商品 | 創意發想 ②

這樣的貓咪商品很討厭

- 有跳蚤
- 很髒
- 不可愛
- 會逃走
- 會用爪子抓人
- 會有過敏症狀
- 會躲著不出來

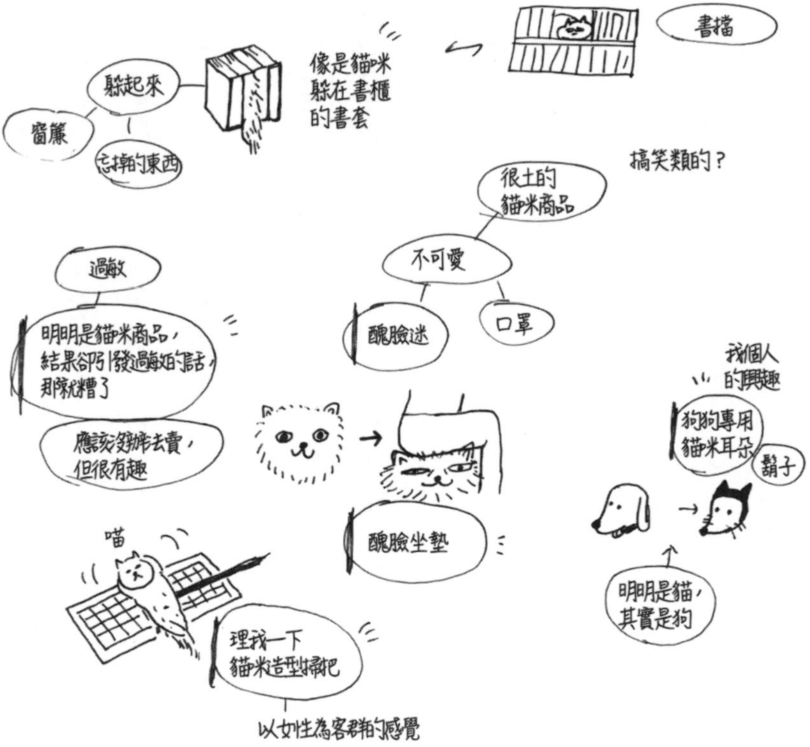

書擋
像是貓咪
躲在書櫃
的書套
躲起來
窗簾
忘掉的東西
搞笑類的？
很土的

明明是貓咪商品，
結果卻引發過敏的話，
那就糟了
應該沒辦法去賣，
但很有趣
我個人
的興趣
狗狗專用
貓咪耳朵
鬍子
喵
醜臉坐墊
明明是貓，
其實是狗
理我一下
貓咪造型掃把
以女性為客群的感覺

看起來商品的概念好像成形了，但還是有種「只是把元素組合起來的感覺」，黏著點很弱。因此還要繼續深入探討。

醜臉迷
口罩

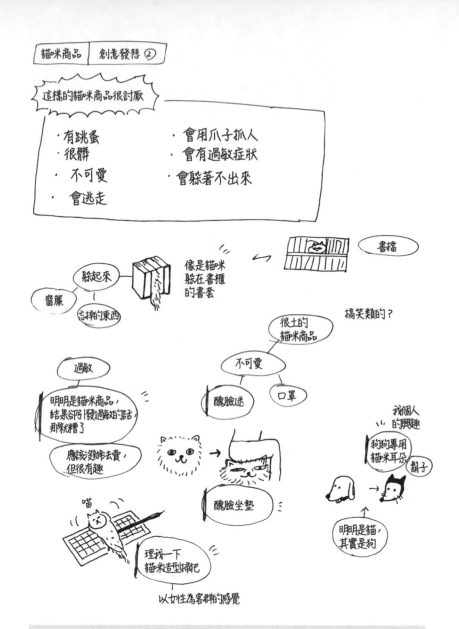

能做出有相同感覺的掃把，愛貓人士應該會愛不釋手吧。這時候可以直接做成貓咪趴著睡的形狀。

與「我討厭○○」這項技巧相似的是「明明是○○，結果是××」這種將反差明顯的元素組合起來的技巧。舉例來說，「明明是貓咪，卻是狗狗」。正常來說，很少會有人在設計貓咪商品的時候想到狗狗，不過，「狗狗專用的貓咪耳朵」大家覺得怎麼樣？這個商品可以打造出把狗狗打扮成貓咪的新世界。

此外，也有「調整創意比例」的技巧。「貓咪」與「商品」的元素比例不一定非得維持在「5：5」，可視情況調整，這個技巧讓我想到藏在踏墊底下，一踩就會發出「喵～」叫聲的喵喵踏墊。這個踏墊沒有任何讓人聯想到貓咪的設計，「貓咪」只在踩到的瞬間現身，所以貓咪與商品的比例可是說「1：9」。

相反的，「貓咪趴著睡的除塵掃把」的貓咪與商品的比例為「9：1」。外觀幾乎都是貓咪的元素，只在掃掉鍵盤的灰塵時，才會出現貓咪趴著睡，妨礙人類工作的感覺。這種真實的感覺應該可以成為這項商品的賣點。

揉入自我風格的技巧

剛剛我們以「新的貓咪商品」為題，進行了創意發想。

「一坐下，貓咪就會變醜臉的坐墊」、「看起來像是貓咪躲著的書套」、「像是貓咪睡在鍵盤上的掃把」……。實際將這些創意做成商品後，說不定真的會有一兩樣熱賣。將相關的視覺設計上傳到推特或部落看試水溫，應該就能知道這些創意的前景如何。

不過，這裡列出來的創意我還是覺得有點不足，雖然「順利的話，或許會熱賣」，但說穿了，我覺得「自我風格」不夠強烈。如果要讓人覺得「真不愧是你」，或是「這個人很值得依賴」，就必須再加工一下。

接著就讓我們從剛剛的「貓咪」與「商品」的元素列表出發，利用各種技巧進行創意發想吧。

創意不能只是元素的組合，「元素的黏著點」尤其重要這件事，我們剛剛已經提過了。

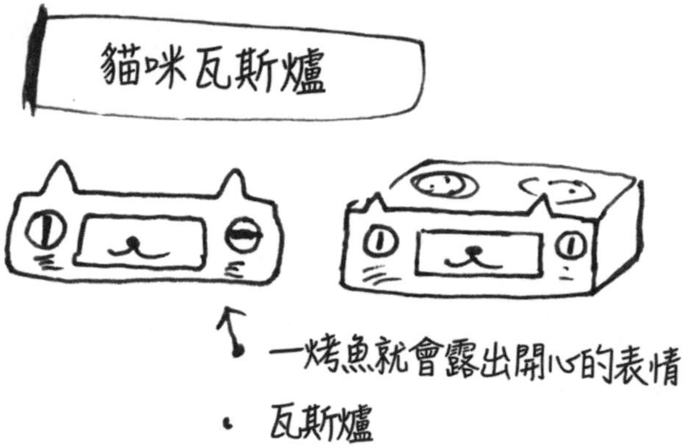
貓咪瓦斯爐
一烤魚就會露出開心的表情
瓦斯爐

貓咪風箏
一臉不悅的
貓咪風箏
貓咪在暖桌裡
捲著身體
新年
這樣的人
很糟耶！
滾到外面去！

從「魚」與「眼睛」這兩點想到「貓咪瓦斯爐」，而且從「貓咪在暖桌裡捲著身體」聯想到「貓咪風箏」。

接下來要介紹以兩個點黏著的創造「兩點黏著」技巧。

貓咪的行動裡有「喜歡吃魚」這個元素，如果要跟魚有關的話，能做成什麼商品呢？「盤子」、「筷子」、「釣竿」……，應該有很多吧。我找了找身邊就有的東西之後，發現「瓦斯爐」這個商品，因為上面附著烤魚專用的烤架。

以貓咪的臉做為造型的瓦斯爐有趣嗎？我把這個想法畫成插圖後，瓦斯爐旋鈕的部分剛好是貓咪的眼睛。話說回來，貓咪在白天的眼睛會瞇成一條細線，真的很像瓦斯爐的旋鈕。

把魚放在烤架上，再利用旋鈕調整火力之後，看起來很像是貓咪在笑，感覺上是因為正在烤魚，所以才那麼開心。

因為有「魚」跟「眼睛」這兩種黏著點，所以這個點子才會讓人覺得「真是創意十足啊」。兩點黏著這個技巧讓作品的完成度更高，也做出更有故事的企畫。如果想找到更上一層樓的創意，請大家尋找這種能以兩點黏著的東西。

此外，我從「貓咪在新年的時候，窩在暖爐裡」聯想到「貓咪風箏」這個創意。每到冬天，貓咪就很喜歡窩在暖桌裡吧，若是根據這點把捲著身體的貓以及躲在暖桌裡的模樣做

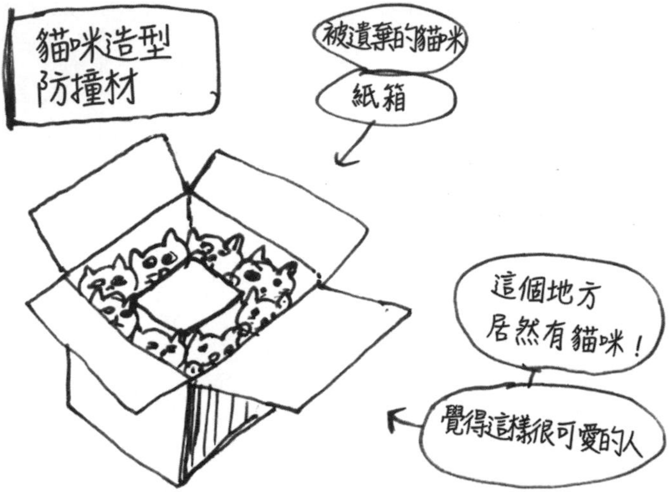

從「被遺棄的貓咪」想到「貓咪造型防撞材」，然後從「從高處落下也能平安落地」的特性聯想到「落地也不會破掉的貓咪造型智慧型手機外殼」。

成商品應該不怎麼特別，但是，若是稍微反向操作一下，把明明想窩在暖桌裡的貓咪當成風箏放上天空的話，會得到什麼結果？想必貓咪一定一臉不悅吧。這就是代替原版風箏的「貓咪風箏」。

說到貓咪，就會讓人想到「小貓被放在瓦楞紙箱裡面遺棄」的場景。聽起來雖然可憐，但真的遇到的話，說不定會覺得「很可愛」。如果讓這個創意發展成「貓咪造型的防撞材」應該很有趣吧？網購的商品送來後，一打開紙箱發現，裡面的防撞材都是貓咪的造型，而且還塞得滿滿的，一定會讓人不禁大喊「超可愛的！」寵物周邊商品專賣網路商店若採用這種防撞材，應該會引起不少話題吧，應該會讓人想拍成照片，上傳到社群網站吧。

「貓咪的行動」之一還有從高處落地，也能順利翻身著陸這點。大家有看過貓咪這個動作嗎？就算是平常看起來一派悠哉的貓咪，在這個時候也會露出像忍者的一面。如果根據這個創意，做出「掉在地上也絕對不會破的貓咪造型智慧型手機外殼」，大家覺得怎麼樣？話說回來，要讓手機轉一圈再落地是不太可能的，所以只能用暗示性的作法。在掉到地面的瞬間突然爆出保護智慧型手機的安全氣囊的想法說不定也很有趣。

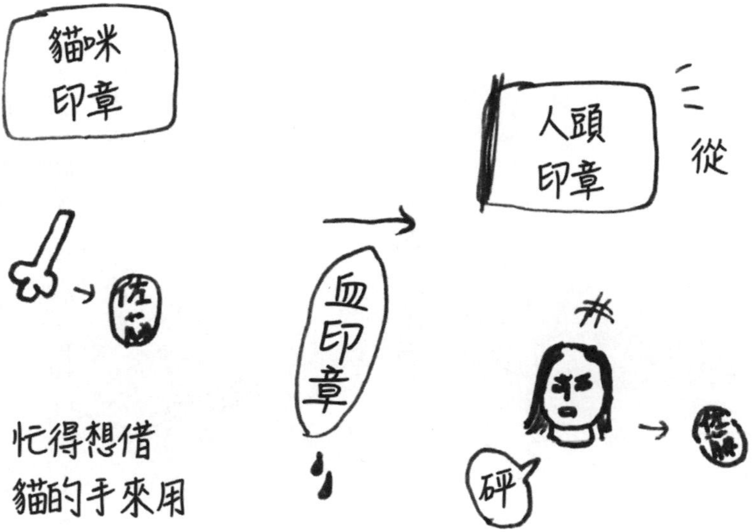

從「貓咪印章」聯想到的「人頭印章」雖然不是貓咪相關商品，卻是很有個人持色的企畫。

接著我又想到「貓咪印章」這個創意。我是從「忙到要跟貓咪借隻手來用」的俗語想到的，是真的用貓咪的腳蓋章的印章。由於是把貓咪的肉掌蓋在紙上面的印章，所以連外觀都很可愛，但我還是覺得這個創意有點普通。

不過，當我畫出「貓咪印章」的插圖，看到像血一般的印墨後，我想到「人頭印章」這個創意。人頭的脖子是印章的部分，讓人不禁聯想，該不會是用血蓋章的印章吧。是不是有種脫離現實的感覺呢。

只可惜「人頭印章」是跟貓咪毫無關聯的商品，不過這個創意卻充滿了個人風格，如果先寫在一軍筆記本裡，或許某天就能派上用場。

從書籍學習讓創意昇華的方法

把我說成發想法的阿宅也沒關係，因為我從以前就不斷研究製造創意的方法。我不斷地實踐書中所教的內容，從中摸索適合自己的方法。我雖然在這本書介紹了屬於自己的創意發想法，但還是想介紹一些幫助我想出適合我的創意發想法的書籍。有些書跟發想法沒什麼直接關係，如果有看到覺得有趣的書，也願意翻開來看看的話，那真是一件讓人很開心的事。

《嶋浩一郎的創意製造術》　嶋浩一郎

（Discover 21）

這是本書多次提到的嶋浩一郎先生的書，我在這本書學到「一軍筆記本」與「二軍筆記本」的概念。這本書也介紹了讓資訊「放牧」與結合各種小知識，激發創意的方法。我沒辦法吸收這個方法，只勉強學會了一軍、二軍的概念。

《考具——你有思考專用的道具》 **加藤昌治**

（CCC Media House、2003年）

這是一本能學到「曼陀羅發想法」、「心知圖」、「彩色浴」這類基本發想法的好書。在這本書介紹的多種發想法之中，我最能接受「曼陀羅發想法」。我大概有兩年的時間都是以3×3的九宮格進行正確的曼陀羅發想法，不過現在已漸漸進化成「我的曼陀羅發想法」。

《設計的輪廓》 **深澤直人**

（TOTO出版、2005年）

這不是有關發想法的書，不過我從深澤先生的設計概念學到很多思考方式。這是一本教導如何重視「當下」以及「普通」是什麼的名著。或許就是因為這本書，我才能學會懷疑「理所當然的事」，以及擁有發現「藍色水窪」的觀點。（這裡說的藍色水坑不是在說遠在天邊的「遼闊藍海」，而是在說更小的「藍色水窪」（puddle）。詳情將於第6章解說）。

《佐藤雅彥全工作》 佐藤雅彥

（Madra出版社，1996年）

佐藤雅彥先生曾催生出「丸子三兄弟」、「畢式開關」這些暢銷商品。我還記得在高中的時候讀到這本書卷末由佐藤先生所寫的「發想的規則」之後，有種「自己變得無敵」的心情，覺得自己也能想出各種點子。不過當時的自己完全無法使用這個規則，所以也明白不實際產出作品，是無法學會這些發想法的道理。佐藤先生提出的「探尋思考的方式」為我帶來深刻的影響。

《HUNTER×HUNTER》富樫義博

（集英社、1998年～）

這不僅不是發想法的書，還是本漫畫，也是一本不需多做介紹的超人氣漫畫。這本漫畫提及的「念能力」可學到了解自己的潛能，再讓潛能逐步成長的思考方式。如果我有念能力的話，那應該就是「藍色水窪」，也就是徹底了解自己的思考邏輯，掌握自己擅長與不擅長的事情，然後讓擅長的事情發揮的極致。集中心力去做自己擅長的事，讓一切開花結果。若是用漫畫裡的話來說，就是「強化系」的人再怎麼修煉「操作系」的能力也很難有所成果，所以該盡可能讓強化系的能力提升」。漫畫向來適合用來學習概念。

《Creative Mindset》 David Kelly、Tom Kelly

（日經ＢＰ社、2014年）

在蘋果、三星、P&G這些知名全球企業背後推動成長的設計公司的IDEO。我從這間公司的想法學到「快速成型」與「從觀察找到創意」的方法。我透過實例徹底明白，比起網路，創意的種籽更常出現在第一線的現場。這本書雖然有點厚，但是很推薦。

《創意的黏著劑》　水野學
（朝日新聞出版，2010年）

這本書簡單明瞭地解說了設計與涵養是什麼。我最喜歡的部分是「收集創意的碎片」。定食屋那黃色通透的醃蘿蔔、江戶的文獻，水野先生以其特有的觀點收集創意的部分很有趣。我是在這本書出版時的二〇一〇年讀到的，但是懂得積極地以照片寫筆記，全拜iPhone與這本書之賜。「不要在電腦前面坐太久」的內容也超棒，這段內容提到，要讓概念形成或是讓創意變得更具體需要換個環境，而這跟使用類比的筆記本進行創意發想的概念有著異曲同工之妙。

《書的逆襲》 **內沼晉太郎**
（朝日出版社、2013年）

內沼先生在下北澤創立「B&B」書店，並以選書人的身份進行各項活動。這是以各種著眼點披露「書籍」這個類型的各種新可能性。藉由重新定義某種類型，探索新的可能性的手法很值得參考。這裡出現的「書」可置換成自己熟悉的領域（對我來說就是數位領域）。

《粗糙的化粧》 **田中偉一郎**
（美術出版社、2010年）

令人敬愛的藝術家田中偉一郎的著作。我從中學到凝視世界的觀點有多麼厲害。我曾在書裡提到「一朗」這個例子，但說不定我自己也有所謂的「鈴木一朗偏執症候群」。

第6章

人生將有所改變

日後「搜尋」二軍筆記本筆記的方法

寫在紙本筆記本裡的筆記，在我的工作中扮演非常重要的角色。手寫的筆記會標記資訊的強弱，所以在日後回顧時，能立刻了解哪些是重要的資訊，哪些又是有趣的資訊。此外，利用這些筆記寫企畫的時候，腦袋往往能因為這些類比的筆記而得到刺激，想法也更為寬廣。

「提出創意的時間到了」想振奮一下自己的時候，我通常會去咖啡廳或是其他非工作的場合。對我來說，眼前盡可能保持一片空白比較容易想到點子。如果是工作時使用的桌子，總是免不了瞄到執行到一半的案件，也就無法專心地想企畫。此外，從筆記本的頁面保持空白的狀態開始，也比較容易找到靈感。

以我來說，只要電腦在眼前，我就很難想到點子，這有可能是因為螢幕一直亮亮的吧，我一點都沒有「有一大片空白在眼前」的感覺。

不過這不是說我在工作時，不使用數位工具。我通常會使用Evernote彌補紙本筆記本的不足之處。Evernote的優點在於能同時儲存照片與筆記，之後還能輕鬆搜尋。

類比工具是沒辦法搜尋的。「快給我想個新的貓咪商品！」突然接到這種截稿日期很短的案子，而且又需要同時用到一軍筆記本與二軍筆記本的內容時，我都會覺得「要是紙本筆記本也能搜尋就好了」。

雖然沒辦法搜尋二軍筆記本裡的所有內容，但是，若能將日後有可能用於企畫的內容做成可搜尋的格式，工作效率一定會能大幅提升。我也是為了這點才使用Evernote。

具體來說，我每週會有一次在固定的時間，在Evernote建立「本週創意」的筆記。我每個星期天會花十五分鐘，從這週寫在二軍筆記本裡選出有趣的內容，然後紀錄在Evernote裡面。由於我很常利用智慧型手機輸入，所以內容都盡可能保持簡潔，只輸入創意的「標題」而已。有趣的內容會標註「★」，不是那麼有趣的內容則標註「●」，有時候也會嵌入照片，當成參考的資料使用。

如此一來，就能知道這個創意原本寫在二軍筆記本的哪一週。如果要搜尋可用於「貓咪

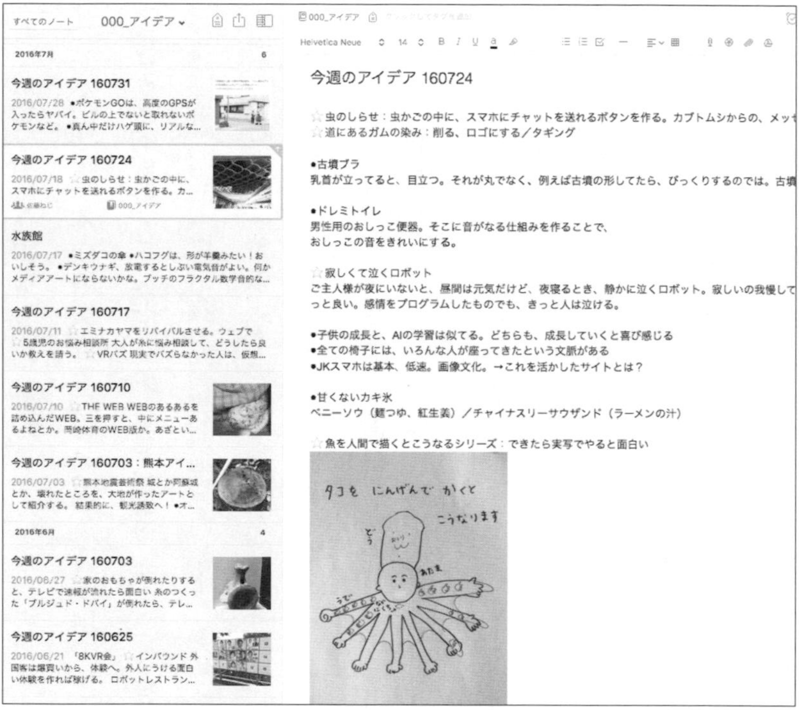

在Evernote紀錄「本週創意」。從二軍筆記本挑出有趣的內容，再以簡單的條列式紀錄。日後就能搜尋二軍筆記本的內容。

商品」企畫的筆記，只需要在Evernote裡面以「貓咪」或「商品」這類詞彙搜尋。如果在「本周筆記」裡面找到不錯的內容，就會翻開該時期的二軍筆記本，找找對應的頁面。

使用Evernote的時候，我都盡可能不花太多工夫。如果想要在日後能完美地搜尋到需要的內容，就有可能得花費更多時間與精力，而這種使用方式可說是本末倒置。不要想把二軍筆記本的所有筆記寫在Evernote裡面，而是紀錄一些能勾勒出內容的支字片語，用一種不太需要注意錯漏字的方法使用，才能持之以恆地將筆記寫到Evernote裡。

Evernote內建了很多功能，也可從電腦以及智慧型手機存取同一份資料，這也是這項工具的魅力之處。舉例來說，如果是把「部落格文章或網站文章」當成產出的人，Evernote就很適合用來收集相關的資訊。

掃描或拍攝手寫的內容也可以匯入Evernote管理。更棒的是，Evernote還能辨識某種程度手寫的文字，讓這些文字方便搜尋。如果使用的是付費版，也可以增加匯入圖片的容量。

每個人使用類比工具與數位工具的方法都不一樣，但重點在於如何用這些工具產出作品。以我而言，我從未直接使用筆記的內容，而是讓這些內容昇華成創意，然後再進一步發展成有趣的企畫。這個流程只有紙本的筆記本能辦到，所以我習慣以紙本為主要工具。

另一方面，若是要撰寫「介紹全世界有趣的廣告」這種部落格的文章，Evernote的「網頁擷取」功能就能派上用場，此時Evernote就會是主要的工具了。

讓產出化為語言

在企畫眾多元素之中，我很重視的是「個人風格」這點。

這不代表接到案子的時候，不重視客戶的想法，而且有些人可能會希望自己的企畫能有更多人欣賞或是覺得驚豔，也希望能有更多人分享給自己的朋友，所以覺得根本沒有「個人風格」出場的餘地。

不過，我所謂的追求「個人風格」是有其意義的。

所謂的「個人風格」並不是作者放在作品裡的「私心」，而是為了某個目的製作作品時，自然而然滲入作品的東西。「個人風格」是自己的「思考邏輯」，也是在以自己堅信的做法產出作品時油然而生的東西，絕不是在受到別人的作品刺激後，突然說出：「我決定從今天開始，這就是我的作風」才產生的東西。

這世界上當然也有不想花腦筋思考，只是一味地複刻流行事物或是照抄某位「偉人」的名言的人，但是這種做法誰都能模仿，所以沒辦法培養出所謂的「個人風格」。客戶或其他的創意人員之所以會說出「想拜託那個人來做」，完全是因為那個人已建立了「個人風格」，換言之，就是建立了自己的品牌。

當我告訴年輕的創意人員「記得擁有自己的品牌」時，其中有些人可能會誤以為我要他們「做出能彰顯自我的作品」，但其實這是錯的，所謂的品牌，是從產出的作品誕生的。

個人風格或自我品牌到底是什麼？用具體的詞彙形容這些是很重要的。如果能產出數個足以說出「這就是我的代表作」的作品，不妨試著以**具體的詞彙**形容這些作品。

我的企畫的特徵在於「沒人想到過」、「沒人知道能如此發展」的驚豔。不過，這些都不是像好萊塢電影那種大得不得了的創意，而是**潛伏在日常生活裡的小靈感**。

對我來說「讓貞子從電視螢幕爬出來」是個很龐大的創意。這個創意若不是放在電影這個框架展現，恐怕不會顯得那麼真實。要創造如此大型的創意，恐怕得花費許多時間與精力，也需要得到許多人的協助。

另一方面，小型的創意不會牽涉到太多人，只要小成本就能實現，所以才能更頻繁地產出。「電影結束一陣子之後，貞子會打電話來」的創意比起拍攝整部電影來說更容易實現，也是不需要別人協助的創意。

我已把自己的企畫的共通之處化為某個字眼。

那就是「藍色水窪」。

在商業的世界裡，總是鼓勵人們追逐藍海市場，而藍海市場的意思是競爭不多，容易產生利益的領域。相對的「紅海」指的就是競爭白熱化，難以產生利益的狀態。不管是哪個領域，都會一下子就變成競爭激烈的紅海，所以每個人都想找到尚無人抵達的藍海，只可惜就目前的商場而言，一切不會盡如人意。

我覺得創意也分成藍海與紅海兩種。到處都看得相同企畫的狀態就是紅海。若能在無人抵達的藍海提出企畫，視聽大眾也會覺得新鮮。所以，以提企畫為業的人應該時時刻刻尋找創意的藍海。

不過在企畫的世界裡，真的很難找到所謂的藍海。現代的各種媒體幾乎做過所有題材，要想找到「無人抵達的藍海」實在很困難，這也實在讓人遺憾。

但是我覺得不如放棄「藍海」，改找「藍色水窪」。「水窪」的英文是「puddle」，而我的意思是即使很難找到無人抵達的藍海，但是它若小水窪的話，應該就能輕易找到才對，因為藍色水窪有可能就位於周圍都是紅海的小隙縫裡。

「Receipt Letter」、「Kocri」、「會說話的名片」、「路上繪本」、「漂亮的垃圾」……。這些作品都是從有如藍色水窪般的創意企畫的。

透過這個字眼與客戶以及其他創意人員說明自我風格之後，客戶與其他的創意人員就能在發案的時候參考我的說明，進而產生「這個企畫的話，應該非佐藤ねじ先生莫屬吧」。

我認為建立自我品牌的第一步，就是把自我風格化為具體的詞彙。我所想到的是「藍色水窪」這個字眼，所以我在創業後，也把公司取為這個名字。

創意人員或是以提企畫為業的人，不妨靜心凝視自己的作品，試著以具體的文字形容它們。

「個人風格」位於何處的線索就藏在產出的作品裡。

這本書除了收錄了「INTERESKINE」與「prototype1000」這兩個網站的內容，也放了許多最近寫在一軍筆記本的創意，或許也能讓大家了解什麼是「佐藤ねじ的風格」吧。

長蔥披肩

這是長蔥花紋的披肩。
據說把長蔥圍在脖子旁邊
就能趕走感冒。

涅槃睡袋

釋迦牟尼辭世時(涅槃)，
有許多動物聚集在他身邊。
這就是重現當時情景的睡袋。

雲形腳踏墊

做成雲朵造型的腳踏墊。
小孩子站上去之後，
就變成仙人了。

很容易分類垃圾的日子

倒垃圾的日子	
可燃垃圾	二
資源回收	四
不可燃垃圾	五

這麼一來就不容易忘記了。

替街上的裸體雕刻找泳衣

仔細一想，居然會有這麼奇怪的裸體。如果幫忙找泳衣，
可能會突然覺得很害羞吧。

三眼眼鏡

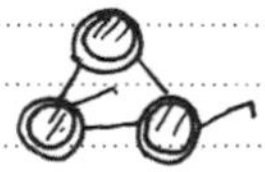

三個眼睛（天眼）
近視的人，一定很
需要三眼眼鏡。

刊載在「INTERESKINE」(http://intereskine.tumblr.com/)的點子

涅槃

指北針／2007年

以涅槃像為藍圖的指北針。涅槃指的是釋迦牟尼辭世時的狀態，據說當時的他是頭向北，身體朝西，躺在地上，這也是「北枕」一詞的由來。同樣的，這個涅槃像（指北針）的頭（N極）也是時時朝著北方。

舞蹈會

茶杯／2008年

以在微波爐裡轉圈圈的杯子為藍圖。

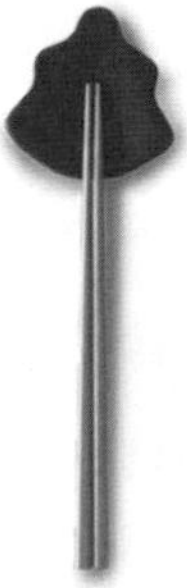

筷木

筷架／2007年

放上筷子後，看起來就像是一棵樹木的筷架。

壁畫襪子

襪子／2008年

是壁畫花紋的襪子。長時間穿著後，腳部會留下壁畫的痕跡。

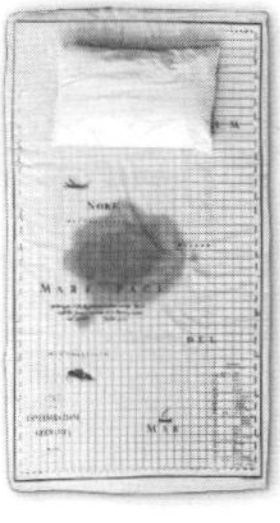

世界地圖

棉被／2008年

小時候只要一尿床，媽媽就會罵「你看看，你又畫了世界地圖！」這種比喻很有童心，讓我覺得很溫馨。

金屬搖滾筆

筆／2008年

狂亂的毛色!!!!!!!!!!!!!!
跳舞跳到瘋狂的筆尖!!!
F·U·D·E· M·E·T·A·L !!!!!!!!

在「Prototype1000」(http://www.prototype1000.com)刊載的點子。

小朋友收音機

在幼兒園聽到小朋友的「聲音」
很能讓人感到幸福。讓小朋友
戴上「錄音裝置」，利用專用的
app聽小朋友聲音的機制。

小孩體重的繪本

這是重量為小孩出生時
體重的繪本。內容是從
小孩的出生到長大之後
的故事。

錢包廣告

撿到別人遺落的錢包後，
發現裡面放了一堆
「〇〇電器超便宜」的廣告
或是那家店的集點卡／優惠券。
這是把「錢包」當成廣告媒體使用，

文字的味道

這是以各種字型為雛型的料理
圓體的哥德字型應該是甜的吧
A1明朝體是鹹的嗎？
→這是有各種嘗試的專案

有香味的海報

有香味的海報。
如果是女明星的海報，
一定會受歡迎。
視覺上也很有趣。

醜女站 人渣站

這是模仿公車站的設計所
打造的「醜女站」與「人渣站」。
時間一到，經過的不是公車
而是醜女或人渣。
→這是搞笑藝人的作品。

2016年寫在一單筆記本的創意摘要。

比別人多兩倍機會站上打擊區

只要讓創意具體成型，立刻能明白箇中樂趣。當原本覺得「可能不會那麼有趣吧」的點子化為具體之後，有可能非常有趣，相反的，有些覺得「這個一定行得通」的點子在實踐後，反而變得很無聊，所以有時候不予以實踐就不會知道結果。

其實不需要真的做出最終的成品，一開始可先把創意畫成插圖，再將插圖放上部落格或推特看看大家的反應。如果是商品的話，可先利用手邊有的素材「塑模」，立刻能看出這項商品的優劣。這種打造試作品，實際體驗創意的手法稱為「快速成型」。

快速成型的邏輯可於各種事物應用。當創意有一定程度的成型後，就能大致了解有不有趣，也能拿給別人看，看看別人的反應。所以要增加產出的次數，第一步得打造一個創意能快速成型的環境。

要想傳達產出的意念，使用手繪的插圖是最為方便的，而且不一定非得很會畫插圖不可，因為就算畫得不好，能傳達核心概念也就足夠了。覺得自己不太會畫畫的人不妨鼓勵自己畫畫看，說不定別人會大聲地稱讚你「你畫得很簡單也很好懂啊」。

如果需要準備更具體的影像時，就需要會操作繪圖軟體。如果不懂這類技術，就只能努力學或是請會操作的人幫忙。

有時最終的完成品沒辦法憑一己之力完成。如果是工作的話，可以領得到酬勞，還可以拜託自己公司的人幫忙，不過若是個人的作品，又該怎麼製作呢？恐怕只能拜託工程師、設計師、插畫家幫忙了。

要打造一個「能持續產出作品的環境」，這個問題就非解決不可。如果不只是要將附有精美圖片的創意上傳到部落格，而是要打造充滿個人風格的作品，就必須找到對「個人風格」有共鳴，願意出手幫忙的人。那麼該怎麼做才能讓別人覺得「幫忙這個作品也是替自己加分呢？」

我想，只能在平日不斷地產出具有「個人風格」的作品吧。如果能讓工作上的人覺得「跟這個人合作，一定能做出有趣的作品」，就能得到彼此的信賴，也能在這個基礎上，一同參與個人作品的製作。

由於持續產出的重要性值得一再強調，所以我總是建議年輕的創意人員「試著產出比別人多兩倍的作品」。如果能做出多於別人兩倍的作品，就能得到兩倍的回饋，也能透過產出的過程逐漸掌握屬於自己的風格。

要產出多於別人兩倍的作品，就必須重視行程的管理。在疏忽本業的情況下投入個人作品的製作，實在沒有什麼說服力，所以請先完成自己的工作，利用私底下的時間製作個人的作品，而為了達成這個目的，就不能在工作上拖拖拉拉，必須以全力邁向終點的精神嚴守行程。

在我還是上班族的時候，我把「星期六定為個人創作的日子」，這讓我能定期發表屬於自己的作品，而在追求「個人風格」的同時，有更多人知道我的作品，也讓我的本業加分不少。

聽到「製作追求個人風格的作品」，或許有些人會立刻說「我才不要，對我來說實在是太難了……，我只想做被交付的工作就好」，的確，在工作之餘產出作品，等於是讓自己接受磨練，會害怕磨練也是人之常情。

不過，一開始不需要讓自己的作品公諸於世，一開始可先試著將作品上傳到推特或部落格。有了一定的手感之後，可試著與了解自己的親朋好友一起製作一些小作品或是幫忙自己認同的人創作。周而復始地這麼做，從中學會拉朋友一起製作的方法，慢慢地就能著手製作更大型的作品。

「個人風格」的平衡

「我一直在追求的是藍色水窪」

像這樣將個人風格具體化為語言後，就能在任何地方注意到藍色水窪。

不管是在公司內部電子報、會議、活動，都不斷地思考該怎麼做才能找到「藍色水窪」，也試著改變內容與框架，就能找到所謂的藍色水窪。雖然有點瑣碎，不過在如此的日積月累之下，就能讓共事的人明白「佐藤ねじ的藍色水窪」是什麼，在下次思考有趣的企畫時，也能有個好的開始。

舉例來說，內容的「發表日」也能找得到藍色水窪。4月1日的愚人節算是發表日的「紅海」。一提到愚人節，就會想到歐美一帶的媒體紛紛播放假新聞，而日本的話，紙本的媒體很少會這麼做，但網路媒體可是會比賽，看哪邊能做出最有趣的假新聞，即使在這種節日發表有趣的內容，恐怕也很難引起話題。反觀11月22日的「好夫妻日」就是藍色水窪。「在〇〇高原舉辦大聲喊出愛老婆的活動」目前還很少被報導，以「好夫妻日」為題的內容應該比想像中更有機會被接受，「Receipt Letter」這個作品也已證明了這點。

在發表作品的時間點多用點心是個有趣的觀點，因為這也是打算顛覆某種框架或前提。一到好夫妻日，新聞就會出現「準備舉辦愛妻人士的集會」的經典標題，所以「居然能利用發票感謝老婆！」的作品才會讓人如此驚豔。

要想「顛覆框架或前提」而一鳴驚人，就必須想像「接受的一方會有什麼感覺」。這時候「接受的一方」不一定只是一般的人。這個作品是在推特發表的，所以不難想像網路媒體會把這個作品寫成報導。在網路媒體寫成報導時，通常會提到「在推特引起了如此迴響」的內容，所以才在發票標示價格的部分加入「¥39」（Thank you）與「¥1122」（好夫妻）這些諧音的梗。有越多這種小地方的梗，就能在推特上掀起更大的話題，所以最後才能發展成電視新聞。

所以在產出作品時，不妨抱著「這個作品會以什麼方式成為電視報導呢」的心態。在推特或部落格發表之後，最早看到作品的應該是跟隨者，但是要讓更多的人看到作品，往往需要藉助網路媒體的力量。

話說回來，我不是希望大家把重點放在製作容易被網路媒體報導的作品。媒體的確是值得重視的，但是被媒體報導並非原本的目的。先作出自己該做的作品，然後在無損作品本質的情況下，重視是否容易被報導就夠了。

「總之能被報導就好了」的心態會讓我們錯看作品的本質。抱著「希望能引起話題」、「希望瀏覽量能狂增」的心態製作內容，不但無法做出具有個人風格的作品，也無法持續下去，當然也做不出能讓人覺得「想拜託那個人來做」的作品。

不過有一點要注意的是，我不是在說完全無法引起話題也沒關係。沒有人看過的內容等同於不存在，而且就連客戶也希望你做出吸引更多人瀏覽的作品。

「個人風格」與「讓更多人欣賞」該如何兼顧？這可是個大哉問。我發現在經驗尚淺的創意人員之中，有些人過於執著「自己的堅持」，有些人卻是抱著一定要讓作品變得熱門的心情製作偏激的內容，當然，也有人可以做出兼顧兩邊的作品……。

對個人風格有所堅持之餘，希望別人得到認同的色彩不會太過強烈，也同時兼具口耳相傳的元素是最理想的作品，我也堅信要做出這種作品，就必須從不同的人得到回饋，同時不斷地產出作品。

答案總在筆記裡

我在製作個人作品時，一定會抱著「不一定要引起話題」的想法。我當然希望能有更多人看到作品，所以能造成話題當然是最好，唯獨為了讓作品變得熱門而偏離本質這點是我無論如何會避免的。

這點與替客戶製作內容的時候相同。我當然會盡一切可能尊重客戶「想讓更多人瀏覽」的意願，但是當作品偏離本質，變成「只是為了炒熱話題而存在的內容」，作品就失去任何意義。

守住原本該守住的本質，這是我的個人品牌。選擇產出作品為人生的人，都必須思考什麼是個人品牌。

要增加產出的次數，最理想的方法就是勤於製作作品或是幫忙別人的專案。不過「勤於製作作品」與「草率地試作作品」完全是兩碼字事。

既然要做，就應該做「真品」，這意味著產出足以自豪地說「這就是我的作品」的作品。即使是在部落格或推特製作作品，也應該推出只有自己才能想得到的創意或是能大聲宣佈「這就是我的作品」的點子。

產出創意就是讓自己接受試煉，所以有些人會因此不安吧。不過比起坐在原地煩惱，結果什麼也沒做，勇敢地發表作品，得到大家的回饋絕對比較好。這就是「勤於製作作品」這句話的意思。但以「總之先做看看」的心情模仿或抄襲別人的作品，絕對不利於打造個人品牌，也勸大家別這麼做。

也許有些人會覺得只要能爆紅就好，只要能在社群網站引起話題就好，因為客戶應該也想把工作交給能創造話題的人……，不過，這樣真的能把路走得長遠嗎？真能對自己的工作感到驕傲嗎？

九州的熊本遭逢地震侵襲時，出現了一則「獅子從動物園脫逃」的假新聞，而且還附了照片，這則新聞讓當地人感到惶恐不安，是一個造成許多人困擾的不良示範。只不過這則新聞兼具了所有「具有震撼力的圖片」、「會吸引人們目光的時機點」、「真實性」這類炒熱話題的元素，換言之，這一定是懂得引起話題的人所製作的假新聞。

這則假新聞跟「任天堂推出新的掌上型電玩！」的假新聞有著異曲同工之妙。讓人誤以為是官方推特發表的假新聞實在是非常惡劣。

捏造假新聞的「愉快犯」或許只是單純地享受新聞散佈的過程，但是，製作數位內容的人若是陷入愉快犯的邏輯裡，就會變得只想做出爆紅或是賺取點閱率的企畫。

如果因為迫在眉稍的截稿日而出現「沒有個人風格也沒關係啦」的想法，就會變得只想快點看到成果，只為了引起話題而寫企畫。這種墮落黑暗深淵的人絕對無法打造屬於個人的品牌，只會成為創造話題的「工匠」。或許這也是一種生存之道，但等在終點的會是幸福嗎？

我希望我的企畫能一以貫之，能充滿個人風

格，然後讓人覺得很溫馨。雖然一直都是抱著這個想法，但只要是人類，就會有誤差，也是為了減少這類誤差，多做幾個有趣的企畫，所以才會準備筆記本。

對我而言，筆記本就像是讓我回到起點的東西，不管多麼迷惘，多麼疲憊，只要翻開筆記本，就會看到「自己」。

閱讀筆記本的內容，勇氣就會油然而生。

寫在裡面的一字一句都是屬於自己的文字。

使用紙本筆記本的最大優點或許是能**面對自己**。

在競爭如此激烈，環境變遷如此迅速的現代，類比式的筆記本就像是自己的夥伴，是自己的投影，也像是護身符。

本書已經提了很多使用這種筆記本，能找到多少靈感的內容。

我讀了許多有關筆記術的書，用自己的方法實驗過很多次，也失敗過很多次，才能找到現在的風格。之所以在這本書介紹這個尋找的流程，是希望幫助各位讀者找到適合的筆記術。

如果能找到專屬自己的筆記術，就一定能學會如何製作充滿個人風格的作品。

此時請務必告訴我您的作品是什麼，也請教我做出這個作品的筆記術，因為我希望我的筆記術能吸收這些優點。

衷心祈盼這一天會到來。

結語

在此介紹本書未提及的筆記術的一個優點。

那就是「早期的筆記本的價值」。經過一段時間後再複習的話，有時可從舊的筆記本找到新的發現，這實在讓我覺得很不可思議。雖然一年前的筆記本沒那麼新鮮，但五年前、十年前的筆記本卻讓人覺得很新鮮。

我進入社會已經超過十年，但翻開新人時期的筆記本，就知道我從那時候就很喜歡寫筆記。看起來雖然稚嫩，卻充滿了拿著筆記本不斷掙扎的痕跡，也再次體認到自己打從骨子裡就是個「腳踏實地派」的人。翻開「計帳本」，可以從第一筆薪水裡看到過去生活裡的瑣碎小事以及真摯的情感。翻開大學時期的「素描簿」，雖然大部分的是青澀的創意，但偶爾還是會看到被埋沒的創意種籽。我念高中的時候每天都寫日記，但內容實在太有破壞力，要是被人看到，我大概只剩逃到國外這個選項。

數位的筆記只能以72dpi的低解析度儲存，也可用漂亮的字型統整到已整理到一定程度的資訊裡，但是紙本的筆記本卻可以保留許多額外的資訊，而這些額外的資訊會在回顧的時候，轉化成最美妙的樂趣。

在記憶裡的自己不斷地變化，但是筆記本裡的自己卻一直維持著過去的樣子。我一直覺得新人時代的自己是個不成材的傢伙，但翻開筆記本才發現，那時的自己雖然沒什麼成績，卻一直以自己的方式努力著，這點讓我覺得很驚訝。能讓我重新發現那樣的自己或是找到新的創意的，只有過去的筆記本而已。

所以，千萬別把筆記本丟掉！書丟掉可以重買，但是早期的筆記本絕對沒辦法在亞馬遜買回來。到現在我都很後悔丟掉小學的筆記本以及自己畫的漫畫。

若想長期保存筆記本，不妨先建立「筆記本的保存規則」，這樣保存筆記本的動力也會提升。保存每一本筆記本是絕對行不通的，但是若能先建立保存的規則，就能輕易地判斷哪些筆記本要保留，哪些又要報廢。若是覺得除了現在，之後還會複習的話，就可以把這本筆記本留下來。

最後要藉此機會感謝一些人。

首先要感謝的是帶著我成長的「面白法人KAYAC」的每一位同事。接著要感謝的是與我一起創立Blue Puddle株式會社，一起展開人生新頁的深津康幸，以及志同道合的橋本大和。我一個人什麼也做不了，能與大家一起創作許多好作品真的讓我很開心，也希望之後能繼續指教。

此外還要感謝沒在本書提及的好友新海岳人以及同為創意人員的朋友們。「絕不能讓新海他們看到很土、很無聊的作品」，這份壓力一直深植在我的專業精神裡，讓我不致於墮入一心只想讓作品爆紅的黑暗深淵。

另外還要感謝我的老婆蕗以及五歲的兒子。有家人之後，星期六、日的個人創作時間雖然減少，作品的數量卻增加了兩倍有餘。創作與休息的時間變得明確這點以及與家人相處的時間，都成了創意的來源。今後就讓我們一起生活，一起催生出有趣的作品吧。

再來還要感謝我的父母。我在書中提到產出作品後，他人的回饋會幫助我成長。現在回想起來，這一切的原點都是母親從小就讓我看漫畫或是名畫，而且總是不斷地稱讚我，真的非常感謝他們。

接著要感謝的是在寫這本書的時候，對我百般照顧的日經ＢＰ社的編輯竹內靖朗先生。

我這拙劣的文章之所以能變得如此好讀，全拜竹內先生之賜，每次開會都學到許多有關作書的事。

最後要感謝在製作本書之際予以協助的企業與企業窗口。僅藉此機會一併感謝。本書得以完成，全憑各位鼎力相助。

真的非常感謝大家。

Blue Puddle代表　佐藤ねじ

２０１６年9月

一起來 思006

10倍筆記力

分心時代，用「3步驟」快速抓住注意力、化創意為1000%業績達成率

超ノート術–成果を10倍にするメモの書き方

作　　者　佐藤ねじ
翻　　譯　許郁文
責任編輯　蔡欣育
封面設計　許晉維
內頁排版　the midclick
製作協力　楊惠琪
企畫選書　蔡欣育

總 編 輯　陳旭華
電　　郵　steve@bookrep.com.tw

出　　版　一起來出版
發　　行　遠足文化事業股份有限公司
23141新北市新店區民權路108-2號9樓
電　　話　02-22181417
傳　　真　02-86671851
郵撥帳號　19504465
戶　　名　遠足文化事業股份有限公司
法律顧問　華洋法律事務所　蘇文生律師

初版一刷　2018年02月
定　　價　320元

10倍筆記力：分心時代,用「3步驟」快速抓住注意力、化創意為1000%業績達成率 / 佐藤ねじ著；許郁文譯. -- 初版. -- 新北市：一起來出版：遠足文化發行, 2018.02
面；　公分. -- (一起來思；6)
譯自：超ノート術：成果を10倍にするメモの書き方
ISBN 978-986-95596-3-8(平裝)

1.筆記法

019.2　　106022373